Hartwig Pautz

Die deutsche Leitkultur:
Eine Identitätsdebatte

Neue Rechte, Neorassismus und Normalisierungsbemühungen

Hartwig Pautz

DIE DEUTSCHE LEITKULTUR: EINE IDENTITÄTSDEBATTE

Neue Rechte, Neorassismus und Normalisierungsbemühungen

ibidem-Verlag
Stuttgart

Bibliografische Information Der Deutschen Bibliothek

Die Deutsche Bibliothek verzeichnet diese Publikation in der Deutschen Nationalbibliografie; detaillierte bibliografische Daten sind im Internet über <http://dnb.ddb.de> abrufbar.

Gedruckt auf alterungsbeständigem, säurefreiem Papier
Printed on acid-free paper

ISBN: 3-89821-060-X

© *ibidem*-Verlag
Stuttgart 2005
Alle Rechte vorbehalten

Das Werk einschließlich aller seiner Teile ist urheberrechtlich geschützt. Jede Verwertung außerhalb der engen Grenzen des Urheberrechtsgesetzes ist ohne Zustimmung des Verlages unzulässig und strafbar. Dies gilt insbesondere für Vervielfältigungen, Übersetzungen, Mikroverfilmungen und elektronische Speicherformen sowie die Einspeicherung und Verarbeitung in elektronischen Systemen.

Printed in Germany

GELEITWORT	7
EINLEITUNG	8
I. DIE ENTWICKLUNG DES NEORASSISMUS	13

RASSISMUS: EINE DEFINITION 13
DIE RASSISTISCHE ARGUMENTATION 15
ZWEI FUNKTIONEN DES RASSISMUS 17
ZUSAMMENFASSUNG 23
KULTURRELATIVISMUS: STICHWORTGEBER DER NEUEN RECHTEN? 24
DIE DIFFERENZ ZWISCHEN DEN KULTUREN 25
KOEXISTENZ UND UNVERTRÄGLICHKEIT DER KULTUREN 29
ZUSAMMENFASSUNG 31
DIE NOUVELLE DROITE: RASSISMUS IM ANTIRASSISTISCHEN GEWAND 33
ETHNOPLURALISMUS, ETHNOZID UND DAS RECHT AUF DIFFERENZ 35
KULTURELLER KRIEG GEGEN UNIVERSALISMUS UND MODERNE 38
KULTURREVOLUTION VON RECHTS 41
ZUSAMMENFASSUNG 42
DAS VERSCHWINDEN VON RASSE UND DER SIEGESZUG DER KULTUR 45
NEORASSISMUS UND ANTISEMITISMUS: STRUKTURELLE VERWANDTSCHAFT? 46
KULTURALISIERUNG DES POLITISCHEN: DER CLASH OF CIVILISATIONS 50
ZIVILISATIONEN UND WELTPOLITIK 51
KUTURELLER ZUSAMMENSTOSS UND ESSENTIELLES ZIVILISATIONSBEWUSSTSEIN 53
US-INNENPOLITIK: THE DISUNITING OF AMERICA 56
US-AUSSENPOLITIK: DER ISLAM ALS GLOBALE GEFAHR 57
ZUSAMMENFASSUNG 60
WAS IST NEORASSISMUS? 62

II. DIE LEITKULTURDEBATTE	69

FÜR EINE EUROPÄISCHE LEITKULTUR: BASSAM TIBI 70
WAS IST LEITKULTUR? 70
WAS IST EUROPÄISCHE LEITKULTUR? 73
EUROPÄISCHE LEITKULTUR VERSUS DEUTSCHE LEITKULTUR 75
DIE BEDEUTUNG VON LEITKULTUR FÜR INNENPOLITIK UND AUSSENPOLITIK 77

ZUSAMMENFASSUNG 82

DIE DEBATTE: VOM IUS SANGUINIS ZUM IUS CULTUS **85**
DEUTSCHLAND: JÖRG SCHÖNBOHM UND DAS FREMDE IM VOLKSKÖRPER 86
DER HEISSE HERBST: FRIEDRICH MERZ UND SEIN VERFASSUNGSPATRIOTISMUS 90
DAS ABENDLAND: AUS DEUTSCHLAND WIRD EUROPA 94
DAS VERSCHWINDEN EINES BEGRIFFS: LEITKULTUR PASSÉ 99
RECHT AUF IDENTITÄT: DEUTSCHE NORMALISIERUNGSBEMÜHUNGEN 102
ZUSAMMENFASSUNG 107
NEORASSISTISCHE ELEMENTE DER LEITKULTURDEBATTE **111**

III. DIE FUNKTION DER LEITKULTURDEBATTE **115**

SCHLUSSWORT **127**

LITERATURVERZEICHNIS **134**

Geleitwort

This is a timely and important publication. In recent years, across the nation states of Western Europe political debates have been raging about the meaning of national identity and culture. These debates have been shaped to a considerable extent by the complex interaction of an array of social, political and economic factors, including increased levels of immigration stemming from economic and asylum imperatives, globalisation trends, fears of international terrorism, and fiscal and budgetary crises, to name but a few. In these circumstances, there exists significant potential for political opportunism of a particularly dangerous kind to wreak damage upon liberal democratic polities.

Hartwig Pautz has produced a detailed analysis of the course of the Leitkultur debate about culture and identity in the context of Germany during the early part of the new millennium. His work is based on sound research, is avowedly analytical in tone and content, and it offers a fascinating insight into the political manoeuvrings of the major German political parties during this period. His examination of the emerging political discourse and rhetoric, and the impact this has had on the policy and legal framework of this advanced liberal democracy raises serious issues and themes. These are important, not simply in the German context, significant though that is, but also in the broader context of modern Europe.

Professor Robert Pyper
Centre for Public Policy and Management
Glasgow Caledonian University

EINLEITUNG

Ist ein Schlagwort wie "deutsche Leitkultur", an das sich kaum noch jemand erinnert oder erinnern mag, und eine Debatte, die scheinbar die kulturelle Verortung von Döner und Bratwurst zum Thema hatte, die Mühe einer Analyse wert? Läßt sich hinter der Suche nach dem deutschen Wesen, das von den entzückten" Feuilletons durch das Blätterdickicht gejagt wurde, und den vergeblichen Mühen von Politikern, "deutsche Kultur" zu bestimmen, ein rationaler Kern entdecken, gar eine Funktion? Die Leitkulturdebatte – um Immigration, Integration und deutsche Identität – vom Herbst 2000 muß in ihrem Entstehungskontext gesehen werden, will man sie nicht einfach und fahrlässig als verspätetes Sommertheater oder als Surrogat für eine irgendwie thematisch verarmte Politiklandschaft abtun. Nur weil ein Schlagwort rasch vergessen wird, sollte nicht angenommen werden, daß die gesamte es umgebende Debatte mit ihren vielen Facetten ohne Wirkung auf das gesellschaftliche Klima verpufft ist. Nachdem der Begriff Leitkultur im Mai 2001, etwa sieben Monate nach dem Aufbranden der Debatte, aus Zeitungen und Politikvorschlägen verschwunden war, tauchte er im Winter 2004 fast plötzlich wieder für einige Wochen in der öffentlichen Debatte auf – ein weiterer Hinweis darauf, daß die Debatte im Jahr 2000 wohl nachhaltig gewirkt hat.

Als der CDU-Bundestagsfraktionsvorsitzende Friedrich Merz im Oktober 2000 ankündigte, "Ausländerpolitik" zu einem Wahlkampfthema machen zu wollen und dabei vor allem die Integration von EinwandererInnen[1] und die als deutsche Leitkultur bezeichneten Kriterien für einen positiven Einwanderungsbescheid in den Mittelpunkt zu stellen (Merz 2000a), geschah dies nicht im luftleeren Raum. Schließlich hatte es sich die rot-grüne Bundesregierung zur Aufgabe gemacht, ein Zuwanderungsgesetz zu erarbeiten und dazu am 12. September, also rund vier Wochen vor Merz' Äußerungen, die "Unabhängige Kommission ‚Zuwanderung'" unter Vorsitz von Rita Süssmuth (CDU) eingesetzt. Diese Kommission, so war sicher, würde nicht nur mit der Fiktion "Deutschland ist kein Einwanderungsland" – brechen, sondern sich auch mit Fragen des Zusammenlebens deutscher Bundes-

---

[1] Wenn im Folgenden von EinwandererInnen gesprochen wird, dann sind damit alle diejenigen mit Migrationshintergrund gemeint – also auch Nachkommen von ImmigrantInnen.

bürger mit ImmigrantInnen, dem Staatsbürgerschaftsrecht und den ökonomischen Aspekten von Migration beschäftigen – also der gesteuerten Einwanderung in die BRD nach Nützlichkeitskriterien. Die CDU konnte kaum bei einer solchen Debatte fehlen, in der unter dem Stichwort der Integration schließlich auch die nationale Identität behandelt würde.

Da das "Ausländerthema" – angesichts der von der CDU vor allem Dank ihrer Unterschriftenkampagne "Ja zur Integration – Nein zur doppelten Staatsbürgerschaft" gewonnenen hessischen Landtagswahlen vom März 1999 – darüber hinaus von der CDU-Vorsitzenden Angela Merkel als ein Erfolgsgarant für die von Spendenskandalen erschütterte Bundes-CDU erkannt wurde, bedeuteten Merz' Äußerungen den Beginn einer umfassenden Debatte über deutsche Identität, über die sich daran zu orientierende Integration von ImmigrantInnen, über Asyl- und Zuwanderungsgesetzgebung und, last but not least, über die ökonomische Optimierung von Immigration. Parallel – und doch von der Diskussion um die deutsche Kultur und das Minimum der Anpassung seitens "der Ausländer" nicht zu trennen – existierte eine weitere Facette. Denn es ging in der Leitkulturdebatte auch um die Normalisierung der deutschen nationalen Identität. So ist die Leitkulturdiskussion in der Tradition des Historikerstreits von 1986[2], der Walser-Bubis-Debatte von 1998[3] und des nach der deutschen Einheit generell zu beobachtenden Engagements der konservativen Philosophie, Politikwissenschaft und der Literaturszene für die deutsche Identität zu verstehen (Niethammer 2000).

Diese Studie ist dem Versuch gewidmet, die verschiedenen Facetten der Leitkulturdebatte darzustellen und ihre Hintergründe und Funktionen zu beleuchten. Dabei wird nicht der parteipolitische Streit um das "Wesen deutscher Kultur" betrachtet, denn wenn man, wie zum Beispiel Bundesaußenminister Joseph Fischer, im Bundestag fragt, ob "Mickeymaus zu unserer Leitkultur [gehört] oder würden Sie [Friedrich Merz, H.P.] das schon als eine Überfremdung ansehen?" (Fischer

---

[2] Der Historiker Ernst Nolte wollte den Holocaust als Reaktion auf die Bedrohung durch die Sowjetunion verstanden sehen. Damit sollte Deutschland und seine NS-Geschichte als pure Reaktion rehabilitiert und zurück in die geschichtliche Kontinuität Europas gelenkt werden. Die Historikerdebatte war "in Wahrheit eine Debatte über das Selbstverständnis der Bundesrepublik" (Habermas 1987: 162).

[3] Die Debatte war die Folge Walsers Rede in der Paulskirche vom 11. Oktober 1998, in der er den "negativen Nationalismus" und die "Ritualisierung und Instrumentalisierung Auschwitz'" durch die "Meinungssoldaten" beklagte (Walser 1998).

2000a), verkennt man, daß es um mehr geht als um eine Kulturdebatte im Sinne eines für alle Deutschen verbindlichen Kanons kultureller Äußerungen. Die Leitkulturdebatte war eine rassistische Ausschließungsdebatte, die aber nicht mit einem biologistischen Rassebegriff operierte, sondern sich eines gleichermaßen funktionalen Kulturbegriffs bediente. Diese Art von Rassismus läßt sich als Neokulturalismus oder Neorassismus bezeichnen. Der Debatte unterliegen folgende Hintergründe:

- Die Überzeugung von der Unverträglichkeit und der Konflikthaftigkeit des Zusammenlebens "verschiedener" in sich geschlossener Kulturen und damit der Kampf gegen multikulturalistische Gesellschaftskonzepte.
- Die Vorstellung eines Rechts auf Differenz, das jeder Kultur zusteht und den Konzepten der sogenannten Neuen Rechten entstammt.
- Die Kulturalisierung des Politischen. Kulturelle Identität[4] ist seit dem Ende des Kalten Krieges ein Schlüsselbegriff zur (Welt-)Politik geworden und wird unter dem Paradigmenwechsel des Clash of Civilisations behandelt. Soziale Antagonismen werden überdeckt und neue Feindbilder – die unassimilierbaren Kulturen und ihre Angehörigen, die die eigene Kultur schon durch pure Existenz qua Einwanderung bedrohen – geschaffen. Der Islam stellt dabei den Mittelpunkt der Debatte dar; er ist das absolute Gegenteil des Westens. Neuen Auftrieb hat diese Kulturalisierung durch die terroristischen Angriffe auf das World Trade Centre in New York und das US-Verteidigungsministerium in Washington vom 11. September 2001 und seitdem durch den sogenannten Kampf gegen den Terror erhalten.
- Diskursive Stabilisierung des Nationalstaates. Die Leitkultur-Debatte sollte die Autorität des Nationalstaates wiederherstellen. Grenzen zwischen Angehörigen der Nation und MigrantInnen wurden neu gezogen, indem deutsche Kulturzugehörigkeit als Bedingung staatsbürgerlicher Rechte postuliert wurde. Das scheinbar Paradoxe ist, daß dies in Zeiten immer offensichtlicher werdenden Fiktivität der nationalen Homogenität geschieht.

---

[4] Albert Memmi identifiziert diese Wortpaarung als "rechtes Vokabular" (Memmi 1987: 55) und auch Schmidt bescheinigt der Neuen Rechten die "findige[n] Koppelung des belasteten Nationsbegriffs mit dem positiv besetzten sozialwissenschaftlichen Attribut ‚Identität'" (Schmidt 2001: 184).

- Die Erinnerungskultur der Bundesrepublik. Im Gefolge von Historikerstreit, Walser-Debatte wollte die Leitkulturdebatte die deutsche Identität im Rahmen einer europäischen Identität reformulieren, um so ebenfalls einen Schlußstrich zu ziehen. Diese letzte These ist vielleicht eher als ein Exkurs vom neorassistischen Gehalt der Debatte zu verstehen, steht aber durchaus im Einklang mit den Versuchen der diskursiven Stabilisierung des Nationalstaats.
- Die Leitkulturdebatte ist von einer Überschneidung konservativer, nationalistischer und faschistischer[5] Diskurse gekennzeichnet und muß als strategischer Erfolg rechtsintellektueller Intervention in die bürgerliche Öffentlichkeit gewertet werden.

Um die These des Rassismus kulturalistischer Variation zu untersuchen, wird in Teil I. eine Definition von Rassismus und seiner Funktion gegeben werden. Da der Neorassismus sich auf kulturrelativistische Theorieelemente beruft, wird anschließend der Kulturrelativismus von Claude Lévi-Strauss exemplarisch untersucht. Daraufhin soll die "Ahnherrin" des Neorassismus und seiner deutschen Vertreter, die französische Nouvelle Droite, untersucht werden. Da Samuel P. Huntingtons Theorie des Clash of Civilisations für die migrationspolitischen Vorstellungen in der Leitkulturdebatte eine bedeutende Rolle spielt und er als einer der bedeutendsten Vordenker der Kulturalisierung des Politischen zu gelten hat, wird sie ebenfalls dargestellt. Abschließend sollen diejenigen Operationen, die den Neorassismus ausmachen, dargestellt werden, um am Ende der Arbeit sein Vorhandensein im Leitkulturdiskurs überprüfen zu können.

In Teil II. wird die Leitkulturdebatte analysiert. Zunächst wird das politische Schlagwort Leitkultur auf seine Entstehung und Bedeutung hin untersucht, dann die Debatte in ihrer inhaltlichen Entwicklung betrachtet. Abschließend werden in III. die aufgestellten Thesen untersucht und die Funktion der Leitkulturdebatte unter verschiedenen Gesichtspunkten wie Migration, Globalisierung und – als deutsches Spezifikum – der Erinnerungskultur beleuchtet.

Die Leitkulturdebatte ist bislang eine kaum wissenschaftlich erfaßte Diskussion. Es gibt keinerlei Dokumentationen, die den Verlauf der Debatte darstellen, ge-

---

[5] Diese Begriffswahl soll dem verharmlosenden Begriff "rechtsextrem" vorgezogen werden. Dieser verbirgt, daß "Rechtsextremismus aus der Mitte der Gesellschaft entsteht" und suggeriert, daß er nur Gruppen meint, die in sozialer Bedeutungslosigkeit oder Marginalität verharren (Heitmeyer et al 1992).

schweige denn Analysen, die sich eingehend mit der Funktion der Leitkulturdebatte beschäftigen. Feuilleton und wissenschaftliche Zeitschriftenaufsätze beschäftigten sich während der Debatte lieber mit der Frage "Was ist deutsch?" oder mit dem Gegensatz von Kultur und Zivilisation, als daß es um den migrationspolitischen Hintergrund der Debatte ging. So muß diese Studie mit geringer Sekundärliteratur zur Debatte als solcher auskommen und viel aus Zeitungen, Internetveröffentlichungen und Partei- und Regierungsprogrammatiken zitieren, um den Inhalt der Debatte und ihren Verlauf anschaulich zu präsentieren. Der weite Bogen, der von Rassismus- und Kulturrelativismusdefinitionen über die französische Nouvelle Droite bis hin zur scheinbar vorrangig außenpolitisch motivierten Theorie des Clash of Civilisations reicht, ist nötig, um die Leitkultdebatte in die Kulturalisierung des Politischen im Zeitalter großer Migrationsbewegungen einzuordnen.

I. DIE ENTWICKLUNG DES NEORASSISMUS

Um die Verbindung der Diskussion um deutsche Leitkultur mit Neorassismus und dem weltpolitischen Paradigmenwechsel des Clash of Civilisations zu verstehen, müssen verschiedene Begrifflichkeiten geklärt werden. Begonnen wird deswegen zunächst mit der Operationalisierung von Rassismus. Dann soll die theoretische Fundierung und die Herkunft des Neorassismus dargestellt werden. Dazu gehört auch der strukturalistische anthropologische Kulturrelativismus von Claude Lévi-Strauss, auf dessen Basis die französische Nouvelle Droite zur geistigen Urheberin eines "differentialistischen Rassismus" (Taguieff 1991) wurde. Anschließend wird die Ideologie der Neuen Rechten Frankreichs dargestellt; da sie als geistige Ahnherrin entsprechender rechtsintellektueller Denkrichtungen in der BRD zu verstehen ist, wird auf eine gesonderte Betrachtung der deutschen Neuen Rechten verzichtet. Nach dem Versuch, die Verschiebung von Rasse auf Kultur zu beleuchten und der Darstellung von Neorassismus als "verallgemeinerter Antisemitismus" (Balibar 1991), soll die Paradigmatik des US-amerikanischen Politikwissenschaftlers und Politikberaters Samuel P. Huntington vom Clash of Civilisations dargestellt werden. Abschließend soll eine Definition von Neorassismus erarbeitet und seine tragenden Elemente für die spätere Analyse der Leitkulturdebatte dargestellt werden.

RASSISMUS: EINE DEFINITION

Das globale Phänomen des Neorassismus im Rahmen der Kulturalisierung des Politischen, wie es in dieser Arbeit im Hinblick auf eine spezifisch deutsche Debatte untersucht werden soll, beruht nicht auf einem völlig neuen Rassismus. Vielmehr werden im Neorassismus Elemente des wegen seiner Folgen spätestens in Form von Holocaust und Nazismus diskreditierten Rassismus wieder aufgenommen, verändert und hinzugefügt, um alte Inhalte wieder akzeptabel zu machen. Deswegen muß, wenn über Rassismus gesprochen wird, vorab geklärt werden, was er bezeichnet, wann er beginnt und welche Zwecke er erfüllt. Diese Typologisierung ist notwendig zur Analyse der Leitkulturdebatte.

Zunächst wird das Konzept Rassismus umgrenzt, um es dann als gesellschaftliche Struktur und Praxis zu untersuchen. Diese Definition ist ein schwieriges Unterfangen. Dabei kann es nicht um eine Pathologisierung rassistischer Denk- und Verhaltensweisen gehen, nicht darum, Rassisten ein falsches Bewußtsein oder eine interessengesteuerte Täuschung zu unterstellen. So sicher Rassismus gesellschaftliche Ursachen hat, so sicher ist auch, daß Rasse als solche keinerlei Erklärungswert für gesellschaftliche Beziehungen besitzt. Die Umwandelung von Rasse "in etwas Aktives [.], in eine biologische Realität, die den historischen Prozeß" bestimmt (Guillaumin 1995: 170), führt dazu, daß das, was erklärt werden sollte, zu einer Erklärung von gesellschaftlichen Beziehungen wird. Die bloße Benutzung des Terminus Rasse

> "tends to imply the acceptance of some essential difference between types of social relation [and] implies the belief that races are 'real' or concretely apprehensible, or at the best that the idea of race is uncritically accepted; moreover it implies that races play a role in the social process not merely as an ideological form, but as an immediate factor acting as both determining cause and concrete means (ibid.: 64)".

Die Aufteilung der Menschheit in Rassen ist eine Möglichkeit der Strukturierung und Beschreibung der Welt unter bestimmten historischen Bedingungen und angesichts bestimmter politischer Interessen. Wenn auch die Sozialwissenschaften Rasse als analytische Kategorie gebrauchen, vergessen sie, "daß die Gesellschaft von solchen Menschen aktiv konstruiert wird, die sich rassistisch äußern und von solchen, die sich an Ausschließungspraktiken beteiligen, die mit dem Rassismus einhergehen", womit Miles insbesondere den britischen Diskurs über "race-relations", der die soziale Konstruktion von Differenzen durch die Konstituierung von Rasse als Forschungsgegenstand verdeckt (Miles 1990: 171) kritisiert. Rasse ist also ein ideologischer Begriff, "there is no such thing as race in itself, but only the notion of race which is a product of industrial societies, only social relationships interpretated in racial terms" (Guillaumin 1995: 87).

DIE RASSISTISCHE ARGUMENTATION

Der Begriff Rasse entstammt dem Zeitalter der Naturwissenschaften, er tauchte im späten 17. Jahrhundert zum ersten Mal auf – wiewohl das Wort um vieles älter ist, aber "merely signified the ‚familial unity' of the ruling class" (Guillaumin 1995: 72). Vor dem Eingang dieses Begriffs in das Vokabular der Wissenschaften bestand natürlich rassistische Praxis – beispielsweise in Form von Kolonialisierung und Versklavung. Diese bestehende Praxis erhielt durch die ersten Rassetheorien, zum Beispiel die Arbeiten von Carl von Linné aus der Mitte des 18. Jahrhunderts, ihre Wissenschaftlichkeit beanspruchende Legitimierung.

Wie verläuft die rassistische Argumentation? Albert Memmi zum Beispiel sieht in der bloßen Feststellung von Unterschieden und selbst in ihrer Bewertung zu Gunsten des Vergleichenden noch keinen Beweis für rassistisches Denken. Dieses fange erst an, wenn der Unterschied als Stigmatisierung gegen den anderen zum eigenen Vorteil verwandt werde, also Praxis wird:

"Der Rassismus ist die verallgemeinerte und verabsolutierte Wertung tatsächlicher oder fiktiver Unterschiede zum Nutzen des Anklägers und zum Schaden seines Opfers, mit der seine Privilegien oder seine Aggressionen gerechtfertig werden sollen" (Memmi 1987: 103).

Problematisch ist hier, daß jede Art von Stigmatisierung – Hautfarbe, Geschlecht, Kolonisierter und Klassenzugehörigkeit – zum eigenen Vorteil bereits eine rassistische Verhaltensweise bedeuten würde. Wiegel kritisiert zu Recht, daß Memmis Rassismusbegriff auf jede Legitimierung von Herrschaft allgemein anwendbar ist (Wiegel 1995: 58). Eine Rassismusdefinition sollte sich deshalb auf diejenigen Stigmatisierungen beschränken, die vom Stigmatisierenden als unabänderlich angesehen werden. Rassismus beruft sich auf Theorien, die sich auf angebliche oder tatsächliche biologische Unterschiede beziehen und daran entlang eine Rassenkonstruktion – nach Miles "racialisation" (Miles 1992: 100) – vornehmen, bei der Differenzen jeder Art durch ihre Biologisierung essentialisiert werden. Rassialismus, der den Rassismus als Diskriminierungspraxis legitimiert, ist die axiomatische biologistische Theorie der natürlichen Ungleichheit menschlicher Gruppen, deren zum Beispiel taxinomisch klassifizierte phänotypische Unterschiede als Rassen gedacht werden[6]. Auch wenn die heutige Art der Klassifizierung von Menschen über "unsichtbare" genetische Kriterien und die Feststellung von genetisch einheitlichen Gruppen verläuft – immer ist der Glauben an die biologische Determiniertheit im Spiel. Dieser Glauben ist grundsätzlich mit der Vorstellung von Reinheit der Rasse und dem Glauben an einen gemeinsamen Ursprung der Mitglieder einer Rasse verbunden.

Von somatischen, genetischen Merkmale, die eine "offenbar ‚natürliche' und universale Basis in der Natur selbst haben" (Hall 1980: 509), wird dann auf zeitlich unbegrenzte Eigenschaften, Werte und Fähigkeiten biologischer (zum Beispiel Sexualtrieb) oder kultureller Provenienz (zum Beispiel Faulheit und Fleiß) extrapoliert (Miles 1992: 105 und Poliakov 1979: 20): Die Sprache der Geschichte wird in die der Natur übersetzt, Möglichkeiten kultureller Entwicklung finden ihre Grenze in biologischen Tatsachen. Anschließend werden mit kulturellen Merkmalen aufgeladene Rassen hierarchisiert, was eine Klassifikation ergibt, die aufgrund des biologischen Determinismus der Merkmalsvererbung durch nichts aufgebrochen werden kann. Rasse wird so zur Triebkraft von Geschichte (Guillaumin 1995: 69).

Wer von einem rein biologischen Rassebegriff ausgeht und daraus rassistische Praktiken erwachsen sieht, irrt. Rassismus beruht zwar auf einer Axiomatik der absoluten Gewißheit von genetischer Ungleichheit (Taguieff 1991: 238), doch darf die Form der Rassenbildung nicht auf die Biologisierung reduziert werden, sondern muß als polymorphes Ensemble überbewerteter, als Differenzen verstandener Verschiedenheiten gesehen werden. So ist auch Miles zu verstehen, wenn er meint, daß „die Tatsachen der biologischen Unterschiede sekundär im Vergleich zu den Bedeutungen, die diesen und sogar eingebildeten biologischen Unterschieden zugeschrieben werden" sind (Miles 1989: 354). Die Klarstellung, daß Rassismus nicht auf biologische Zuschreibungen beschränkt ist, sondern im Gegenteil schon von jeher auf kultureller Stigmatisierung beruhte, ist im Kontext des Konzepts des Neorassismus besonders bedeutsam.

Die Konstruktion von Rassen, wie oben beschrieben, ist also ein das erste Element des Rassismus; der zweite Teil ist die Ausschlußpraxis. Schließlich will der Ras-

---

[6] So weist zum Beispiel Hund nach, daß sich die Wahrnehmung der Hautfarbe von Chinesen im Laufe der imperialistischen Unterdrückung von "weiß" über die Farbe von "getrockneter Zitronenschale" bis zur "Gelben Gefahr" entwickelt hat (Hund 1993: 1007).

sismus beweisen, daß es unmöglich ist, "den Kolonisierten in eine umfassende Gemeinschaft aufzunehmen, weil dieser sich biologisch oder kulturell zu sehr unterscheide, weil er technisch oder politisch unfähig sei" (Memmi 1987: 166). Hierbei ist aber zu beachten, daß die Ausschließung schon vorher stattgefunden hat: Rassismus spricht sein Opfer schuldig, weil es bereits durch Ausbeutung und Entwürdigung bestraft ist (ibid.: 173). Hier ist Müllers Unterscheidung in universellen und superioren Rassismus von Bedeutung. Während der universelle Rassismus seinen Opfern als "zurückgebliebenen" Teil der Menschheit die Möglichkeit einer Entwicklung zubilligt, geht der superiore Rassismus davon aus, daß die Opfer keinerlei Entwicklung zur Gleichheit mit den Eigenen fähig sind. Der superiore Rassismus ist der Nachfolger des universellen, der die durch das Postulat der Unmündigkeit der Opfer des universellen Rassismus tatsächlich gedemütigten und entwürdigten Opfer als Beweis für die Unfähigkeit ihrer Entwicklung weiter unterdrückt. Welche Funktion die Konstruktion von Gruppen anhand "rassischer" Merkmale hat, soll im folgenden Abschnitt geklärt werden.

ZWEI FUNKTIONEN DES RASSISMUS

Wie oben angesprochen, hat Rasse für eine Erklärung sozialer Phänomene keinerlei analytischen Wert, sondern ist nur eine Möglichkeit einer historisch bedingten, interessengeleiteten Erklärung der Welt. Dennoch hat die Vorstellung von Rasse reale Auswirkungen auf gesellschaftliche Prozesse und in ihnen eine Funktion. In diesem Abschnitt soll versucht werden, die Funktion von Rassismus von zwei verschiedenen Standpunkten aus zu erklären. Zunächst soll vom Individuum ausgehend die Relevanz einer rassistischen Ideologie betrachtet werden, anschließend die Korrelation von Rassismus, Kapitalismus und Nationalstaat angesehen werden.

Da die Anthropologisierung von Rassismus als individuelle "Fehlfunktionen der Beziehung zu anderen"[7] (Memmi 1987: 35) soziale Verhaltensweisen einfach naturalisiert und dem rassistischen Diskurs damit in die Hände spielt, erscheint der Ansatz, der versucht, individuelles rassistisches Verhalten als einen Versuch der Einordnung in ein bestehendes Herrschaftsgefüge zu verstehen, sinnvoller. Annita Kalpaka und Nora Räthzel verstehen solches Verhalten als "freiwillige Einord-

---

[7] Memmi will Rassismus aber nicht als Krankheit verstanden wissen (Memmi 1987: 139).

nung" (Kalpaka und Räthzel 1990: 19) und als "ideologische Vergesellschaftung", also als Regelung des gesellschaftlichen Zusammenhalts (ibid.: 21). In ihrem gramscianischen Ansatz gehen sie davon aus, daß der Staat die Zustimmung der Regierten braucht und sie deshalb in die "von oben organisierten Praxen als eigenständig Handelnde" einbaut (ibid.: 24). Dadurch entsteht ein "Rassismus von unten" (ibid.: 9), der es erlaubt, die eigene Unterwerfung unter die staatliche Ordnung als Machtzuwachs zu leben, weil unter Einebnung aller realer Unterschiede (Klasse, Geschlecht oder Besitz) die Konstruktion einer national definierten Wir-Gruppe ein Gefühl der Zuständigkeit, Verantwortung und Besitz für ein "Ganzes" – das Land, die nationale Identität – beansprucht (ibid.: 43).

Wie funktioniert diese ideologische Vergesellschaftung? Die herrschende Ordnung verlangt von den gesellschaftlichen Mitgliedern bestimmte Verhaltensweisen, die ihren Verbleib in ihr erst ermöglichen. Diese Verhaltensweisen werden zum Beispiel durch ökonomische Zwänge wie die Notwendigkeit zur Arbeit erreicht. Arbeit ist eines der wenigen Mittel gesellschaftlicher Anerkennung und Integration in kapitalistischen Ordnungen. So ist eine stabile kulturelle Verhaltensweise im Rahmen einer nationalen kollektiven Identität ein integratives Moment auf dem Arbeitsmarkt: "Die Normalisierung funktioniert von ‚außen nach innen'. Durch äußere Erscheinung zeigen die Individuen, daß sie ‚innen' in Ordnung, in der Ordnung sind". Wenn aber Menschen mit anderen kulturellen Lebensformen mit dem Wunsch auftauchen, an der Gesellschaft zu partizipieren, ohne sich an der bisher als sinnhaft erfahrenen freiwilligen Unterwerfung an die identitären Normalisierungspraxen zu beteiligen, wird das eigene "mühsam hergestellte Gleichgewicht von Widerstand und Unterwerfung" in Frage gestellt (ibid.: 39). Folge davon kann die Zurückweisung dieser alternativen, nicht im Rahmen der eigenen kollektiven Identität faßbaren Lebensweisen sein, was einer zweiten Unterwerfung des Individuums gleichkommt, da diese Zurückweisung nur in Bezug auf die höhere staatliche Ordnung geschehen kann: Eigene unterdrückte Wünsche werden in negativer Übertreibung auf andere projiziert (Poliakov 1979: 160).

Dieser Erklärungsansatz verdeutlicht nicht nur die herrschaftsstabilisierende Funktion von rassistischer Zurückweisung, sondern auch die identitätsstiftende Funktion in Abgrenzung zu den Anderen:

> "Dieser Prozeß, die Welt in Begriffen ‚rassisch' definierter Gegensätze zu konstruieren, hat die Funktion, Identitäten zu produzieren und Identifikationen abzusichern. Er ist Bestandteil der Gewinnung von Konsensus und der Konsolidierung einer sozialen Gruppe in Entgegensetzung zu einer anderen, ihr untergeordneten Gruppe. Allgemein ist dies als Konstruktion ‚des Anderen' bekannt" (Hall 1989: 919).

Dabei schreibt der hegemoniale Teil dieses ungleichen Dialogs dem Subalternen Bedeutungen, Sinn und Funktion zu.
Rassismus hat also eine funktionale Bedeutung für das Individuum, da er mittels Abgrenzung eine "plausible Erklärung für elementare Lebenszusammenhänge bietet, der sinnhaften Einordnung in bestehende Herrschaftsverhältnisse" (Wiegel 1995: 71) und damit der Legitimation von materiellen Unterschieden dient. Als ideologische Vergesellschaftungspraxis ermöglicht er so ein kontinuitives, stabiles Überleben in den ökonomischen und sozialen Zwängen der kapitalistischen Gesellschaft. Rasse ist die Modalität, in der Klasse gelebt wird (Hall 1980: 508).
Aus der wissenschaftlich legitimierten Klassifizierung von Menschengruppen anhand realer oder fiktiver physischer Unterschiede und ihrer Verknüpfung mit Intelligenz, Charakter, Fähigkeiten und Verhaltensweisen entsteht im Rassismus notwendigerweise eine Hierarchisierung der einzelnen Rassen. Die daraus entstandene Rassentheorie kann als Rechtfertigung von Kolonialismus, Ausbeutung, Apartheid und Überlegenheitsbehauptung zum Erhalt von Privilegien dienen. Daraus resultiert, daß Rassismus immer mit Macht verknüpft ist: "Nur wenn die Gruppe, die eine andere als minderwertige ‚Rasse' konstruiert, auch die Macht hat, diese Konstruktion durchzusetzen, kann von Rassismus gesprochen werden" (Kalpaka und Räthzel 1990: 14). Diese recht enggefaßte Definition von Rassismus im Zusammenhang mit Macht ist bedeutsam, da so eine Verbindung von Ideologie und realen Folgen der Herrschaft erkennbar wird, denn "in der Hauptsache signalisiert und legitimiert er [der Rassismus, H.P.] eine Herrschaft" (Memmi 1987: 96). Das Instrument zur Durchsetzung dieser Herrschaft aber ist der moderne bürgerliche

che Staat. Deshalb ist Rassismus "das Produkt historischer Verhältnisse und besitzt seine Vollgültigkeit nur für und innerhalb dieser Verhältnisse" (Marx 1971: 636), weshalb es sich erübrigt, ihn als pathologisches Phänomen als bei allen Menschen verankert zu sehen.

Der Staat ist der "Apparat legitimer Ausschließung" von Menschen als Ausländer und Angehörige von Minderheiten (Balibar 1993: 91). Indem die intellektuelle Arbeit des Staates die vorgestellte Gemeinschaft der Nation hervorgebracht hat, werden diese Anderen aus der politischen Gemeinschaft ausgeschlossen, gleichzeitig aber in das ökonomische Beziehungsnetz eingeschlossen. Wie geht das vor sich?

Eine Nation ist als eine geschlossene Gruppe zu verstehen, die ständig um den Erhalt ihrer Grenze zu den Anderen bemüht sein muß. Diese Grenze ist ein idealerweise alle Individuen auf einem Territorium umfassendes Band, das auf gemeinsamem Ursprung beziehungsweise fiktiver homogener Ethnizität[8], der gleichen Sprache und dem gleichen Blut beruht:

"The idea of a racial community makes its appearance when the frontiers of kinship dissolve at the level of the clan, the neighbourhood community and, theoretically at least, the social class, to be imaginarily transferred to the threshold of nationality" (Balibar 1991a: 100).

Wer nicht in den Raum hinter dieser Grenze gehört, wird als Ausländer, Staatenloser oder Immigrant dennoch über seine Ausschließung eingeschlossen – er wird zur ausländischen Arbeitskraft ethnisiert. Um dieses scheinbare Paradox näher zu erläutern, wird nun unter anderem auf Wallersteins Konzept des "historischen Kapitalismus" zurückgegriffen. Nach ihm sind Ausschließung-Einschließung, die Begriffe von Rasse, Nation und ethnischer Minderheit im Verhältnis zur Struktur der Arbeitsteilung der historischen kapitalistischen Gesellschaftsform zu verste-

---

[8] Ethnizität ist eine Klassifizierungsmöglichkeit, in deren Unklarheit die Attraktivität des Begriffs liegt, der, unschwer erkennbar, mit dem Völkischen verwandt ist. Ethnizität wird oft als quasi-naturgeschichtliche Grundlage der politischen Reflexivwerdung einer bestehenden oder werdenden Nation mystifiziert. Dank der Vorarbeit von Autoren wie Clifford Geertz und Frederik Barth und nach dem „Durchgang durch den angloamerikanischen Diskurs gleichsam desinfiziert" (Radtke 1991: 86), konnte Ethnizität die soziologischen Begriffe der Klasse oder Schicht als Konzept zur Beschreibung der Gesellschaft verdrängen.

hen. Rassismus hat nichts mit Xenophobie zu tun, die eine bloße Angst vor Fremden kennzeichnet: "Ganz im Gegenteil. Rassismus ist die Art und Weise, durch die verschiedene Segmente innerhalb der gleichen ökonomischen Struktur in ihrer Verbindung miteinander eingeschränkt" werden (Wallerstein 1984: 68). Mit Segmenten sind hier die unter anderem durch ungleiche Einkommensverteilung hierarchisierten Schichten von Lohnabhängigen gemeint, die sich alle innerhalb des kapitalistischen Systems befinden, jedoch nicht als eine Gruppe gegenüber der Kapitaleigner agieren können, weil sie durch die ideologische Rechtfertigung ihrer Trennung – dem Rassismus – keine Interaktion organisieren können. Wallersteins Theorie ist zunächst auf ein globales Zentrums-Peripheriemodell bezogen, in dem die Konfliktlinien den Grenzen von Kapital und Arbeit entsprechen, die aber mit den Grenzen zwischen Kolonisator und Kolonisiertem identisch sind, so daß die Konflikte eine "linguistisch-rassistisch-kulturelle" Form annehmen (ibid.: 53). Durch die Dekolonisation und die fogliche Umkehrung der Migrationsbewegungen verlagern sich diese Konflikte in die Zentren – doch weiterhin entspricht die am Einkommen meßbare Klassendimension einer rassistisch geordneten ethnischen Dimension (ibid.: 103), so daß auch die Analyse eines neorassistischen Anti-Immigranten-Rassismus damit möglich ist.

Was ist Ethnisierung und wie äußert sie sich? Ethnisierung ist die Schaffung von Menschengruppen, für die "bestimmte berufliche/ökonomische Rollen in Beziehung zu anderen Gruppen in der Nachbarschaft reserviert waren" (ibid.: 66). Das wichtigste Erkennungsmerkmal für diese Gruppen ist die spezifische Kultur, bestehend aus Religion, Sprache, Alltagsverhalten und Werten. Zwar verspricht der nationale Arbeitsmarkt Freiheit und Gleichheit, gilt als "glatte Fläche, auf der unbeschränkte Mobilität möglich ist" (Terkessidis 1998: 184). Diese Mobilität ist aber Fiktion, wie die ungleiche und hierarchische Zuteilung wirtschaftlicher Aktivitäten und beruflicher Rollen und das Überlappen von Klassenverhältnissen und Ethnizitäten zeigen: Der Arbeitsmarkt wird nach "ethnischen Kriterien" sortiert. ImmigrantInnen unterschichten die Einheimischen durch Übernahme von Tätigkeiten niederer Bezahlung und Qualifikationsanforderung – das bedeutet die Austauschbarkeit der ausländischen Arbeitskräfte untereinander, die durch die Mobilität des Kapitals gefordert wird (Balibar 1993: 44). So wird sozialer Aufstieg und höhere Qualifikation der Autochthone ermöglicht. Dies bestimmt die abwertende

Wahrnehmung von ImmigrantInnen, die ungeachtet der sozialen Gegebenheiten die nationale Homogenität reproduziert.

Um ihre realen Vorteile durch die "Überausbeutung" der MigrantInnen zu wahren – Arbeit mit höherem Prestige und besserer Entlohnung – betonen die einheimischen Beschäftigten die Unterschiede zu den MigrantInnen; dies geschieht besonders in Zeiten der Annäherung der beiden Gruppen in ökonomischen Krisensituationen: "Wenn die einen sich mit den anderen im selben Proletarisierungsprozeß [...] verbinden, dann werden die ‚Unterschiede' unerträglich, dann nehmen die Konflikte eine offen rassistische Form an" (Balibar 1993: 46).

Ethnisierung schreibt EinwandererInnen bestimmte Positionen in der Arbeitswelt zu, reduziert sie auf ihre Arbeitskraft. Ihre Anwesenheit und Lebensbedingungen hängen völlig vom Beschäftigungsverhältnis ab. Das "endgültige Provisorium" der Existenz des Arbeitsmigranten (Balibar 1993: 44) im Nationalstaat resultiert in einer Spaltung sowohl im Arbeitsprozeß als auch in der Bevölkerung zwischen Arbeiter und Staatsbürger und Arbeiter und "Arbeiterbürger". Die Vorteile der Ethnisierung der (Welt-)Arbeitskraft liegen auf der Hand. Nicht nur hat sie nach Wallerstein die Versorgung mit Arbeitskraft sichergestellt, indem sie die berufliche und geographische Mobilität der als Kollektive organisierten MigrantInnen erhöhte – die Wanderungsbewegungen sind keine individuellen, sondern kollektive Anstrengungen im Rahmen von Verwandtschaftsnetzwerken (Faist 1997) – darüber hinaus reduziert die Einwanderung von bereits arbeitsfähigen Menschen die Kosten für Bildung für den Zielstaat. Schlußendlich liefert die Ethnisierung einen "einfachen Code für die durchgehende Einkommensverteilung", der zudem durch Tradition legitimiert zu sein scheint (Wallerstein 1984: 67), dennoch aber systemfunktional fließende Demarkationslinien in der Definition von Andersheit zuläßt.

Die gewonnene Solidarität einer "nationalen Gemeinschaft" durch die Ethnifizierung von ausländischen ArbeitnehmerInnen überwiegt alle anderen Arten von Solidarität durch Klasse oder Geschlecht, alle Unterschiede und Gegensätze sind wie ausgelöscht, wenn sie in Gegensatz zu MigrantInnen gestellt werden. Wichtig ist die Erkenntnis, daß nicht etwa erst eine rassistische, Wissenschaftlichkeit beanspruchende Theorie erdacht wurde, sondern die Ausschlußpraxis des Rassismus bereits vorher existierte und daher rassistische Theorien als Legitimationen für Politik verstanden werden müssen. Claussen nennt als Beispiel der notwendigen

Legitimierung von gesellschaftlicher Ausschließung und Diskriminierung die USA und ihre individualistische, leistungsbezogene Ideologie des Pursuit of Happiness, die jedem und jeder innerhalb der kapitalistisch organisierten Gesellschaft die gleiche Chance auf Erfolg mittels gesellschaftlich anerkannter Arbeit verspricht. Wenn jedoch dieses Versprechen in ökonomischen Krisen nicht mehr eingehalten werden kann und Individuen überflüssig werden, büßt auch "die moderne Gesellschaft ihr universales Integrationsmittel [ein]: das System gesellschaftlicher Arbeitsteilung" (Claussen 1994: 11). Das führt zur Notwendigkeit einer sowohl die wirtschaftlichen Strukturen als auch den Ausschluß von Gesellschaftsmitgliedern legitimierenden Ideologie, die die strukturelle Bedingtheit von Arbeitslosigkeit und ökonomischer Krise verschleiert. Dies kann über einen rassistischen Diskurs geschehen, in dem alle sozialen Grenzen zugunsten der der Rassengrenze verwischt werden.

ZUSAMMENFASSUNG

Rassismus läßt sich als die Konstruktion von Gruppen, die fiktive oder tatsächliche Merkmale miteinander gemein haben, bestimmen. Wie sich an der Definition von Japanern als weiß und der von Chinesen als nicht-weiß durch das Apartheidsregime Südafrikas erkennen läßt, "politics really defines things in accordance with its own needs and practices, not in accordance with the alleged factual characteristics of the things defined" (Guillaumin 1995: 66f.). Die Merkmale können physiognomischer, biologischer, kultureller oder psychischer Art sein. Die Gruppen können anhand der ihnen zugeschriebenen positiven und negativen Eigenschaften hierarchisiert werden. Diesen so gekennzeichneten Kollektiven wird ein gemeinsamer Ursprung zugeschrieben, der von rassischer Reinheit gekennzeichnet sei. Die Vermischung von Rassen bedeutet somit Verschmutzung, Verfall und Dekadenz. Dem rassebildenden Denken liegt das deterministische Postulat des unauslöschlichen Unterschieds zugrunde, der das Individuum auf seine angebliche Herkunft reduziert und es damit inkonvertibel macht (Taguieff 1991: 245).
Rassismus hatte immer eine kulturelle Komponente, die sich aus der Kombination der Wahrnehmung von Lebensweisen und sozioökonomischen Unterschieden ergibt. Als allgemeine Voraussetzung von rassistischen Verhaltensweisen als Exklusionsmechanismus aus der Gruppe der Eigenen muß eine als essentiell verstandene

ne stabile Identität dieser Gruppe gelten. Insofern beinhaltet Rassismus ein dialektisches Verhältnis von Aus- und Einschließung. Die rassifzierten Gruppen, deren Unterlegenheit behauptet wird, werden vom Inhaber der materiellen und symbolischen Macht – zum Beispiel dem Kolonisator – durch Unterwerfung erst zu Unterlegenen gemacht: Auf die konkrete Beschränkung von Freiheit und die institutionalisierte Ungleichheit folgt die universelle Zuweisung von abstrakter Freiheit, woraufhin dann die Naturalisierung des im ersten Schritt produzierten Unterschieds erfolgt. Damit ist konkrete Ungleichheit als Resultat einer "inneren Disposition" einer bestimmten Gruppe von Menschen legitimiert. So ist Rassismus ein Diskurs der Differenz anhand körperlicher und kultureller Merkmale, der von materiellen und symbolischen Ressourcen ausschließen soll. Die Bedingungen für Rassismus werden durch den Staat kreiert, indem dieser eine Nation durch die Konstruktion des Anderen erschafft. Rassismus kann als Praxis der individuellen Einordnung in die Gesellschaft verstanden werden, um über das "in-der-Ordnung-sein" die gesellschaftlich integrativen Vorteile von Arbeit zu erlangen und materielle Abstände sinnhaft einzuordnen.

Im Folgenden wird begonnen, den theoretischen Weg zu beschreiben, den der klassische Rassismus in universeller und superiorer Ausprägung genommen hat, um eine kulturdifferentialistische Form zu erhalten.

KULTURRELATIVISMUS: STICHWORTGEBER DER NEUEN RECHTEN?

Es mag auf den ersten Blick merkwürdig erscheinen, wenn der anthropologische Kulturrelativismus als "links-egalitär gemeinte" antirassistische Theorie (Meyer 1997: 46) beziehungsweise einer seiner Protagonisten, Claude Lévi-Strauss, in Verbindung mit Rassismus gebracht wird. Allerdings kann bei einer Betrachtung der neurechten Theorien festgestellt werden, daß Lévi-Strauss' kulturrelativistische Theorien um Kultur und Rasse ausdrücklich positiv rezipiert werden. Deshalb soll untersucht werden, ob sich bei Lévi-Strauss tatsächlich eine Verschiebung von biologischer Rasse zu Kultur ergibt beziehungsweise die Berufung der

Neurechten auf ihn mehr ist als nur die bloße eklektizistische Übernahme einzelner Schlagwörter. Hier soll schon einmal die grundsätzliche Kritik am kulturrelativistischen Ansatz und dessen Rolle für den neo-rassistischen Diskurs vorweggenommen werden: Pierre-André Taguieff sieht die Gefahr der Übernahme bestimmter Anteile aus dem kulturrelativistischen Diskurs, die Gefahr einer gemeinsamen ideologischen Entwicklung:

"Der relativistisch-kulturalistische Antirassismus kann sich in einen neuen Rassismus verwandeln, indem er den in Verruf gekommenen biologisierenden Rassismus mit einer rhetorischen Aufmachung versorgt, die ihn akzeptabel macht" (Taguieff 1991: 239).

Wie kommt Taguieff zu dieser Aussage? Zwar habe der anthropologische Kulturrelativismus mit den Postulaten der Gleichwertigkeit der Werte aller Kulturen, der ihre Hierarchisierung verbietenden Unvergleichbarkeit und der Unabhängigkeit kultureller Phänomene von biologischen Eigenschaften die Grundlage eines differentialistischen Antirassismus entwickelt (ibid.: 228). Allerdings bestünde dieser nur aus einer systematischen Negation der rassistischen Thesen: Er argumentiere anti-biologistisch, anti-hierarchial, anti-genetisch, kurzum: alles was einer "rassialen" Theorie entsprach, sei "spontan und ohne Diskussion" zurückgewiesen worden (ibid.: 234f.). Der differentialistische Antirassismus habe also keine eigenständige Grundlage, ist pure Negation. Um diese Kritik nachvollziehen zu können, sollen die Theorien von Lévi-Strauss dargestellt werden und am Ende dieses Kapitels die oben angedeutete Kritik am Kulturrelativismus als etwaigem Theoriegeber der Neuen Rechten fortgeführt werden, auch im Hinblick auf ein Zusammenleben sich als verschieden empfindender Kulturen.

DIE DIFFERENZ ZWISCHEN DEN KULTUREN

Ausgangspunkt von Lévi-Strauss' Überlegungen in "Rasse und Geschichte" (1972) von 1952 ist die Idee einer Weltzivilisation und der "Beitrag der Menschenrassen" zu ihr. Den Rassen als solchen schreibt er keine spezifischen "kulturellen Beiträge" zur Entwicklung einer Weltzivilisation zu. Diese Beiträge aller

Art ließen sich nicht "aus der Tatsache herleiten, daß diese Kontinente im großen und ganzen von Bewohnern unterschiedlicher rassischer Herkunft bevölkert sind" (ibid.: 8) oder mit Fähigkeiten erklären, die mit anatomischen oder physiologischen Eigenheiten zu tun haben: "Zwei Kulturen, die von Menschen derselben Rasse hervorgebracht wurden, können sich ebenso oder mehr voneinander unterscheiden wie zwei Kulturen von rassisch weit voneinander entfernten Gruppierungen". So wird der Begriff der Kultur für Lévi-Strauss der einzige, der eine wissenschaftliche Erklärung von Verschiedenheiten zwischen Menschengruppen zuläßt. Wenn also auch genetisch unterscheidbare Menschengruppen existieren, spiegelt sich diese Unterschiedlichkeit nicht im Verhalten der Gruppen oder der Einzelakteure wider (ibid.: 7ff.).

Ist nun einmal die historisch-soziale Relevanz von Rassen und deren Ungleichheit für Lévi-Strauss erfolgreich mit Hilfe der Wissenschaften der Genetik und Biologie bestritten und die Vielheit der menschlichen kulturellen Lebensformen erkannt, stellt sich für ihn das eigentliche Problem: Worin besteht die Verschiedenheit der Kulturen und warum haben sie sich verschieden entwickelt?

Zunächst stellt er fest, daß die Verschiedenheit von Kulturen kein statischer Begriff ist und eine Klassifizierung nicht nach einem festen Muster geschehen kann (ibid.: 14), sondern sie letztendlich nur vom subjektiven Betrachter abhängt, dessen Betrachtungen darauf ausgelegt seien, Bedeutung für ihn und seine Wir-Gruppe selber zu entwickeln (ibid.: 37). Daraus erwächst eine Kritik an Begrifflichkeiten wie Fortschritt und Entwicklung im Sinne von Evolution.

Wichtig vor allem für die Einordnung von Lévi-Strauss' Kulturrelativismus in den neorassistischen Diskurs ist seine Definition von Verschiedenheit. Sie ist für ihn eben nicht eine Funktion der Isolierung, sondern eine der gegenseitigen Beziehung der einzelnen Gruppen (ibid.: 15). So muß Verschiedenheit als Ergebnis eines dialogischen Prinzips angesehen werden und nicht als eines von Segregation oder Apartheid. Wie nun entsteht die Verschiedenheit der Kulturen? Für Lévi-Strauss ist das zeitgleiche Bestehen von "primitiven" Kulturen und der westlichen Zivilisation weder mit anti-universalistischen Unter- oder Überlegenheitspostulaten zu erklären, noch mit der evolutionistischen Idee einer unausweichlichen quasi-natürlichen Europäisierung. Diese letztere universalisierende Annahme, die einen Vergleich zeitgenössischer primitiver Kulturen mit den Vorläufern der westlichen Kultur für statthaft hält, würde in der Ansicht enden, daß der westliche Entwicklungsweg auf alle anderen Kulturen zu verallgemeinern wäre und käme einer Leugnung der Verschiedenheit gleich (ibid.: 20)[9]. Statt dessen konzipiert Lévi-Strauss die idealtypischen Begriffe der progressiven und stationären Geschichte, um keiner Kultur "mehr Unrecht zu tun". Kulturen des letzteren Typus mangelt es im Gegensatz zu denen des ersteren an "synthetischer Begabung" (ibid.: 29) als Bedingung einer kumulativen Geschichte, innerhalb derer es einer Kultur gelingt, ihre Funde und Erfindungen aufzuhäufen. Eine stationäre Kultur könne zwar ebenso viele und bedeutende Erfindungen machen, verfolge diese aber nicht weiter (ibid.). Diese These, die manchen Kulturen besondere Fähigkeiten zuzusprechen scheint, relativiert er zweifach: Zunächst durch die Feststellung, daß der außenstehende subjektive Beobachter nur dann eine kumulierende Geschichte feststellen könne, wenn sie "mit den Begriffen unseres eigenen Bezugssystems meßbar" sei (ibid.: 37), da der "Ereignisreichtum einer Kultur [...] die Funktion [...] des eigenen Standorts ist" (ibid.: 38). Die zweite Relativierung macht er am Beispiel der europäischen Kultur fest. Sie ist nach Lévi-Strauss eine kumulative Kultur, die aber nicht aus irgendeiner Überlegenheit entstanden sei, sondern nur aufgrund interkultureller Zusammenarbeit zu ihrer Form gelangen konnten. Diese sei am geographischen Ort Europa besonders fruchtbar gewesen, da er ein Treff- und Fusionspunkt von vielen hochdifferentialisierten Kulturen gewesen sei, so daß nur dort lange kumulative Ketten sich haben bilden können (ibid.: 66f)[10].

Weil Lévi-Strauss die Originalität jeder Kultur darin sieht, Probleme zu lösen und Werte herzustellen, die für alle Menschen die gleichen sind (ibid.: 46), mißt er der europäischen Zivilisation einen Vorbildcharakter bei, zumal er Anfang der 50er

---

[9] Melber beschreibt ebenfalls die Rationalität der Aufklärung, die die "räumliche Distanz zu anderen Formen gesellschaftlicher Lebens- und Organisationsweise mit einer zeitlichen Distanz" verknüpfte. Die anderen werden somit zur Vorstufe der eigenen Entwicklung, verbunden mit dem Versprechen (der Androhung?) der Angleichung der Lebensumstände. "Damit wird bereits der zielorientierte Außenbezug hergestellt, der für den neuzeitlichen Rassismus des eurozentristischen Zivilisationsmodells von zentraler Bedeutung ist", sprich Kolonialismus und ökonomische Durchdringung der Welt (Melber 1989: 35). Müller bezeichnet diesen monogenetistisch und evolutionistisch argumentierenden Rassismus als "universellen Rassismus", der den Unterlegenen qua Erziehung eine Chance auf Gleichberechtigung zu lassen scheint (Müller 1992: 33).

[10] Lévi-Strauss relativiert schon vorher das Bild des übermächtigen, sich als so reich an Werten verstehenden Westens. Dessen spezifischen Werte reduzierten sich auf die Steigerung der Energiemenge pro Kopf der Bevölkerung und auf den Schutz und die Verlängerung des menschlichen Lebens (ibid.: 51).

Jahre feststellen konnte, daß "alle Zivilisationen nach und nach die Überlegenheit der westlichen Zivilisation" anerkennen und ihre Techniken, Lebensweisen und Kleidung übernähmen. Diese Analyse war richtig unter dem Eindruck einer beginnenden Dekolonisierung, der Entstehung von Nationalstaaten nach europäischem Beispiel, verstärkter Industrialisierung; kurz: allgemeiner Modernisierung. Dieser Versuch muß heute größtenteils als gescheitert angesehen werden, da eine Verwestlichung im Sinne einer Angleichung von Lebensstandards aufgrund der postkolonialen kapitalistischen Strukturen nicht stattfinden konnte. Lévi-Strauss hatte aber nicht unrecht, als er sagte, daß die postkoloniale Welt dem Westen nicht die Verwestlichung vorwerfe, sondern eher die mangelnde Hilfe für diesen Vorgang (ibid.: 48).

Warum nun sollte die Differenz der Kulturen erhalten werden? Nicht der Pluralität selber wegen, sondern weil sich nur aus dem interaktionistischen Verhalten von Kulturen ein allgemeiner menschlicher Fortschritt – verstanden als Funktion von bewußten, unbewußten, zufälligen oder erzwungenen Koalitionen zwischen Kulturen – ergeben könne (ibid.: 75ff.). Da also in einer von kultureller Monotonie geprägten Welt das Überleben der Menschheit nicht möglich sei, sei ein "differentieller Abstand" notwendig, der aber trotzdem eine Weltzivilisation von verschiedenen, sich bewahrenden und sich ergänzenden Kulturen zulasse (ibid.: 73). Dieser für alle Kulturen lebensnotwendige Abstand sei bisher durch zwei Mittel erhalten worden, so Lévi-Strauss: durch Kapitalismus und Imperialismus. Ersterer habe zum Entstehen von Proletariat und Bürgertum geführt. Die europäische Expansion habe dann den Kolonisierten geschaffen, was es Europa in "großem Maße ermöglicht [hat], eine Spannkraft zu erneuern, die ohne Einführung der kolonisierten Völker in den Kraftstrom viel schneller hätte erlahmen können" (ibid.: 77f). Die koloniale Unterwerfung durch Europa betrachtet Lévi-Strauss also als eine der erzwungenen Koalitionen von verschiedenen Kulturen, die zur Weiterentwicklung der Weltzivilisation beigetragen haben. Zwar erkennt Lévi-Strauss das Ausbeutungsverhältnis von Kolonisator und Kolonisiertem, doch gleichzeitig definiert er es als beiderseitiges Verhältnis, in dem beide Seiten "bewußt oder unbewußt ihre Einsätze [kulturelles Wissen/Beiträge, H.P.] zusammenlegen" und sich dadurch einander annäherten und gegenseitig bereicherten. Beweis für diese Angleichung aller Kulturen sei die Entkolonialisierung und die für Lévi-Strauss unaufhaltsamen "sozialen Verbesserungen" (ibid.: 78).

Die Hervorhebung der Gleichwertigkeit von Kulturen in ihrer kulturellen Diversität ist ein wichtiger Teil der Kritik an einem falsch verstandenen Universalismus von Aufklärung und Fortschrittsideologie (vgl. Claussen 1994: 182), der als eine eurozentristische Legitimation für koloniale und postkoloniale Politik fungiert. Indem er die immer ethnozentristisch-subjektive Beobachtung des Anderen hervorhebt, kann Lévi-Strauss vermitteln, daß dieser schwierig zu begreifen ist. In diesem frühen Text, unter den Eindrücken des genozidalen, Verschiedenheit vernichtenden NS-Regimes verfaßt, plädiert Lévi-Strauss für den Erhalt kultureller Differenz als für die Gesamtheit der Menschheit überlebensnotwendig. Homogenisierung und Angleichung der Grundelemente der Menschheit, die Kulturen, bedeuten für ihn den geistigen Tod der menschlichen Gemeinschaft. Das Konzept des differentiellen Abstands, das ethnozentrische Verhaltensweisen als notwendig für Erhalt und Entwicklung der Menschheit ansieht, aber kann als Legitimation für rassistische Praxis gewertet werden. Taguieff bezeichnet dies als einen "turn-about effect", nämlich die Ablehnung von Rassismus bei gleichzeitiger Postulierung seiner Unvermeidlichkeit, wenn kulturelle Grenzen verwischt oder sogenannte Toleranzschwellen im Kontakt mit den Anderen überschritten werden. Lévi-Strauss' Zurückweisung der Bedeutung von determinierender biologischer Rasse ist zwar explizit, doch beinhaltet schon Lévi-Strauss' Metapher des fahrenden Zuges, in dem sich jedes Mitglied einer Kultur bewege (Lévi-Strauss 1972: 39), die Andeutung, daß ein "Ausstieg" aus diesem Zug nicht möglich ist. Vor allem in seinen späteren Texten erscheint die Verschiebung von Rasse auf Kultur und deren Unentrinnbarkeit zumindest problematisch.

KOEXISTENZ UND UNVERTRÄGLICHKEIT DER KULTUREN

An einem 20 Jahre später verfaßten Text wird im Folgenden gezeigt, ob sich das im neorassistischen Diskurs wichtige Element der Determiniertheit in Lévi-Strauss' Denken finden läßt. Es soll hier besonders das Thema der Koexistenz von verschiedenen Kulturen im Vordergrund stehen; die ein zentraler Topos für die Ideologie der Neuen Rechten ist.

In einer Rede vor der UNESCO 1971 spricht Lévi-Strauss der sich auf physische Merkmale stützenden biologisch/genetischen Erklärung von kulturellen Verschiedenheiten der "Völkerschaften" jegliche Erkenntniskraft ab. Man müsse, so Lévi-

Strauss, davon ausgehen, daß Verhaltensweisen kulturell geprägt seien (Lévi-Strauss 1985: 23f.).

Wie können sich als verschieden definierende sehende Kulturen nebeneinander existieren? Lévi-Strauss konstatiert zwei mögliche Verhaltensweisen zwischen einander fremden Kulturen. Die erste bezeichnet er als "Gleichmut" und die mit ihr verbundene Gewähr, im Wissen voneinander, aber ohne Interesse für den Anderen, existieren zu können. Damit sei oft verbunden, daß sich jede Kultur als die einzig "wirkliche und lebenswerte" ausgibt und den Wert der anderen Kulturen sogar in Abrede stelle. Dies müsse aber nicht zu kriegerischen Zerstörungen führen, wiewohl es zu Auseinandersetzungen zwischen Kulturen kommen könne (ibid.: 26). Die zweite Verhaltensweise, die allerdings ebenfalls keine friedliche Koexistenz garantiere, sei die Kontaktaufnahme aus Neugierde wegen des Reizes der Exotik: "Sofern die Kulturen sich einfach nur für verschieden halten, können sie einander also entweder willentlich ignorieren oder sich für Partner in Hinsicht auf einen erwünschten Dialog halten" (ibid.: 27). Doch sei dieser Dialog begrenzt, da das "Bedürfnis jeder Kultur, in Gegensatz zu den sie umgebenden anderen Kulturen zu treten, sich von ihnen zu unterscheiden, mit einem Wort: sie selbst zu sein" zu einer "gewissen Undurchlässigkeit" führen müsse. Der Fortbestand des "bestimmte[n] Optimum[s] an Verschiedenheit zwischen den menschlichen Gesellschaften" kann also nur durch eine Trennung der Kollektive geschehen. Diese würde sich gleichsam natürlich einstellen, da die Bevorteilung der gemeinsamen Neigungen und Einstellungen teilenden Eigenen "eine unserer Gattung gewissermaßen konsubstantiell[e]" Eigenschaft sei. Damit naturalisiert Lévi-Strauss ethnozentristische Verhaltensweisen (ibid.: 14). Zwischen diesen und dem Rassismus gibt es jedoch einen gewichtigen Unterschied: Beide erklären die Lebensweise der Anderen für minderwertig oder für die Eigenen als ungeeignet. Der Rassismus aber erschafft Gründe, die die bereits bestehende Ablehnung und Unterdrückung der Anderen rechtfertigt. Zudem führt Ethnozentrismus bei nichtwestlichen Gesellschaften durch Meiden der Anderen zu einem System friedlicher Koexistenz (Poliakov 1979: 39), während Rassismus eben gerade zwischen einander Nicht-Fremden innerhalb einer modernen Gesellschaft auftritt. Erst wenn ein Gefühl der Überlegenheit, das sich auf Machtbeziehungen gründet, das Konzept der Anerkennung der Differenz und des Rechts darauf ersetzt und somit die Verschiedenheitsanerkennung der Ungleichheitsbehauptung weiche, könne dies zur Vernichtung von Kulturen führen (ibid.: 28), also ein genozidaler Rassismus oder auch "nur" eine Apartheidpolitik einsetzen, die die eigene Kultur von der fremden abzuschirmen sucht.

Lévi-Strauss verbindet sein Plädoyer für kulturelle Vielfalt mit einer Warnung vor der Illusion, daß zukünftig alle Kulturen der Welt, "von wechselseitiger Leidenschaft füreinander ergriffen" miteinander verschmelzen würden (Lévi-Strauss 1985: 15). Außerdem entstünden aus einer gleichförmigen Menschheitskultur nur noch "bastardhafte Werke, plumpe[r] und läppische[r] Tand" (ibid.: 51), womit Lévi-Strauss, wie wir später sehen werden, eine Dekadenzthese vertritt, die der der Neuen Rechten sehr ähnelt.

ZUSAMMENFASSUNG

Das Hauptproblem in Lévi-Strauss' Kulturrelativismus ist darin zu sehen, daß er der kulturellen Zugehörigkeit letzten Endes etwas ebenso Unüberwindbares zuschreibt, wie es der biologische Rassismus der rassischen Zugehörigkeit tut. Biologische Unterschiede für sich genommen sind zwar unwichtig, denn immer ist es die Kultur, die gesellschaftlich wirkt. Selbst wenn die Auswahl der Fortpflanzungspartner auf eine sehr kleine Gruppe begrenzt ist und somit diese Gruppe untereinander genetische Ähnlichkeiten aufweist, sind es kulturelle Kriterien wie Haartracht, körperliche Verstümmelungen oder Kleidung, die zu dieser Auswahl führen (ibid. 1985: 42). Auch wenn Lévi-Strauss meint, daß die Ressentiments auf der Basis optischer Verschiedenheit oder anderer Lebensweise – er nennt als Beispiel die "Hippies" – substantiell nicht "anders als Regungen von Rassenhaß" seien (ibid.: 48), entfaltet Rasse in seiner Theorie keine Wirkungsmächtigkeit. Ebensowenig läßt sich Lévi-Strauss vorwerfen, Kulturen zu hierarchisieren, da er ihre spezifischen Leistungen als gleichwertige Beiträge zu einer ganzen Menschheit auffaßt. Der anthropologische Kulturrelativismus will sich unzweifelhaft gegen hierarchisch-darwinistische Vorstellungen von Evolutionismus und Biologismus wenden und rückt kulturelle Vielfalt und Unterschiedlichkeit ins Bewußtsein. Ihm wohnt eine antikolonialistische Tendenz – die Bewußtmachung kolonialer auf universellen Werten basierender Herrschaftsstrategien – inne und er versteht die Aufklärung als "vielschichtigen Prozeß" (Poliakov 1979: 76), in dem neben Toleranz und Gleichberechtigungsgedanken auch Rassialismus entstanden seien.

Also mag ein solcher Kulturrelativismus in seiner antirassistischen Stoßrichtung gut gemeint sein, dennoch muß gefragt werden, ob der differentialistische Antirassismus beziehungsweise die kulturrelativistische Anthropologie nicht einem differentialistischen Rassismus, "der selbst die unmittelbare Überzeugung des kulturellen Relativismus teilt" (Taguieff 1991: 234), den Weg geebnet hat. Begrifflichkeiten wie Recht auf und Pflicht zur Differenz, die Vorstellung von reinen Kulturen, der Dekadenz bei der Vermischung von Kulturen und ihrer begrenzten Dialogfähigkeit tauchen auch im neurechten Vokabular auf.

Lévi-Strauss' Kulturrelativismus legitimiert mit Blick auf das Recht auf identitäre Differenz ethnozentrische und xenophobe Einstellungen. Die problematische Naturalisierung solcher "kollektiver Neigungen" führt zu ihrer Anerkennung als a priori der Conditio Humana. Die Verweigerung eines umfassenden Austauschs zwischen "den Kulturen" zwecks des Erhalts der Grenze zwischen Eigenem und Fremden, des Überlebens der Identität könne, so Taguieff, nur in den beiden Alternativen Ethnozid oder Xenophobie enden: Tod der eigenen Kultur durch Öffnung zu anderen oder aber "Eingeschlossenheit in sich selbst" im Gegensatz zu Anderen, die bestenfalls in Gleichgültigkeit, schlimmstenfalls in Intoleranz und Ablehnung kulminiert. Taguieff ist hier sehr deutlich: "Wir müssen allerdings feststellen, daß diese Positionen und Bewertungen sich einerseits mit denen des Nationalpopulismus, andererseits mit denen der Neuen Rechten treffen und dabei sind, sich mit ihnen zu mischen" (Taguieff 2000: 227).

Zwar redet Lévi-Strauss nicht dem Rassismus das Wort, doch wird durch die Annahme der Verschiedenheit von Kulturen, ihrer Unvergleichbarkeit, der Ablehnung des uneingeschränkten Dialogs zwischen Kulturen und der Unverstehbarkeit ihrer Werte durch Außenstehende der universalistische Antirassismus zum Hauptverursacher einer "Kulturvernichtung", da er den kulturellen Abstand in seiner Ablehnung von Ethnozentrismus verringert (Terkessidis 1995: 52). Diejenigen Neorassisten, die im Namen der identitären Stabilität jeder Kultur das Recht auf Differenz fordern und eine von ihnen als rassistisch verstandene kulturelle Uniformierung, ablehnen, entgehen so dem traditionellen Antirassismus, der sich vornehmlich weiterhin gegen einen hierarchisierenden Rassebegriff richtet.

Aus Lévi-Strauss' Postulat des Konflikthaften im Aufeinandertreffen von Kulturen, die er für die fundamentalste Kategorie der menschlichen Geschichte hält, folgt das "Prinzip der radikalen Inkommensurabilität" der verschiedenen kulturellen Formen (Taguieff 1991: 237). Damit lassen sich Konflikte zu Kulturkämpfen stilisieren, so daß jede Analyse von sozioökonomischen oder politischen Hintergründen entfallen kann. Das ist das Grundprinzip des Clash of Civilisations. Unterschiedlichkeit kann aber nicht an sich als quasi-natürlicher Grund für Abwehrverhalten angesehen werden, sondern die Bedingungen, unter denen diese Unterschiedlichkeit erfahren werden, sind ausschlaggebend für die Erklärung der Abwehr.

Die "Wiederentdeckung" von Ethnien, Volksgruppen und ihren nichtbewertbaren und kulturellen Differenzen in den Sozialwissenschaften korrespondiert mit einem rechten ethnopluralistischen Verständnis von kultureller Reinheit, die es um ihrer selbst willen zu erhalten gilt (Heither und Wiegel 2001: 57). Nicht umsonst nähern sich, wie wir später sehen werden, die Nouvelle Droite und ihr Vordenker, Alain de Benoist, einem kulturellen Relativismus an. Die Nouvelle Droite übernimmt einige Elemente des Kulturrelativismus in ihr Theoriegebäude, entstellt sie aber.

DIE NOUVELLE DROITE: RASSISMUS IM ANTIRASSISTISCHEN GEWAND

Die Ideologie der französische Nouvelle Droite ist als Vorläuferin und Wegbereiterin des die Außenpolitik der USA beeinflussenden Paradigmas des Clash of Civilisations zu verstehen. Beide Ideologien teilen unter anderem die Vorstellung einer Welt, die nur in Kulturräumen verständlich wird, beide teilen das neorassistische Theorem der Inkommensurabilität der Mitglieder verschiedener Kulturen und beide bedienen sich eines mehr oder minder offenen kulturdifferentialistischen Theoriekonstruktes.

Die Nouvelle Droite, die sich sowohl als Reaktion auf den Niedergang der französischen National-Konservativen als auch auf die linke Bewegung der späten 60er Jahre des 20. Jahrhunderts herausbildete, fungierte auch als Vorbild für die deutsche "konservativ-revolutionäre Rechte", die sich ebenfalls als Bewegung von Intellektuellen formierte (Venner 1994: 15). Stellvertretend ist hier das "Thule-Seminar e.V. – Arbeitskreis für die Erforschung und das Studium der europäischen Kultur" zu nennen, das eng mit der Nouvelle Droite und ihrer angeschlossenen Groupement de Recherche et d'Etudes Pour la Civilisation Européenne (GRECE) zusammenarbeitet. Da die Ideologie der deutschen Neuen Rechten, wie sie im weiteren bezeichnet werden soll, sich an die der Nouvelle Droite anlehnt (Weber 1997: 31), wird hier nur die französische Neue Rechte als Begründerin des neorassistischen Diskurses dargestellt.

Die Neue Rechte zeichnet sich durch eine Übernahme der Rhetorik des Kulturrelativismus – allerdings als Mittel zur totalen Separation und Funktionalisierung von Einwanderern – einen prononcierten Anti-Amerikanismus und die Selbstbezeichnung als "differentialistische Antirassisten", das Bestreiten jeglicher Universalismen und das Konzept des Ethnopluralismus aus. Während zunächst auch in der Zeit nach dem Zweiten Weltkrieg in der äußersten Rechten Frankreichs noch ein biologistischer Rassismus vorherrschte, der eine intellektuelle und kulturelle Überlegenheit der weißen Europäer behauptete, wurde seit Mitte der 60er Jahre zunehmend von einer "schicksalhaften Kulturgemeinschaft" der okzidentalen weißen Völker gesprochen und Volk als "unité biologique confirmée par l'histoire" definiert (Dominique Venner in der neurechten Zeitschrift „Europe-Action" Februar 1966, zitiert nach: Taguieff 1994: 12f.).

Die endgültige Verschiebung von einer wissenschaftlich nicht länger haltbaren biologistisch begründeten Überlegenheitsideologie zu einer kulturalistischen Theorie der Differenz unter Ablehnung des Begriffs Rasse fand Ende der 1960er Jahre statt; so sieht auch der intellektuelle Wortführer der Nouvelle Droite Alain de Benoist das Geburtsjahr der Nouvelle Droite, die er als Arbeitskreis und Denkschule, nicht aber als Bewegung verstanden wissen möchte, im Jahr 1968 (Benoist 1999: 11). Den Anfang machte noch eine Mischung aus Biologismus und Recht auf Differenz: "Amitié des peuples du Monde dans la reconnaissance du fait biologique et du droit pour chacun de rester fidèle à son ethnie et à ses traditions" (Edith Gérard[11] 1968, zitiert nach: Taguieff 1994: 13). Diese Mischung eröffnet für Taguieff das "thème différentialiste" (ibid.), das in Samuel Huntingtons Clash of Civilisations als Paradigmenwechsel internationaler Politik fortgeführt und jeglichen Bezug auf biologische Rasse beziehungsweise offenkundigen Rassismus abgelegt haben wird. Es beruft sich vielmehr auf einen differentialisti-

---

[11] Kandidatin des Rassemblement Européen de la Liberté, REL.

schen Kulturrelativismus, der Unterschiede essentialisiert und eine identitätssichernde Trennung von Kulturen fordert.

ETHNOPLURALISMUS, ETHNOZID UND DAS RECHT AUF DIFFERENZ

Die Konzepte des Rechts auf Differenz und des Ethnopluralismus sind für die Nouvelle Droite von größter Wichtigkeit. Beide wurden dem oben bereits dargestellten Kulturrelativismus entlehnt und zu einer Doktrin umgedeutet, die auf eine sich antirassistisch gebende – weil Unterschiede bewahrende – Politik der Apartheid hinausläuft. Der Ethnopluralismus geht von grundsätzlich verschiedenen Veranlagungen der Völker aus, die sich nicht nur in physischen Merkmalen, sondern auch in verschiedenen geistigen und psychischen Merkmalen äußern. Daraus würden verschiedene Formen von Verhalten und Wahrnehmungen von Realität resultieren. Physische und geistige Besonderheiten zusammengenommen bilden gemeinsame "Kulturformen", also Völker. Diese Differenzierung wird durch die verschiedenen "geographischen Siedlungsgebiete" erzeugt, deren Verteidigung eine angeborene Verhaltensweise sei, so de Benoist unter Bezug auf die Zoologie Konrad Lorenz' und dessen Territorialtrieb (Benoist 1983: 321). Der Ethnopluralismus postuliert keine Ungleichheit, sondern nur die Verschiedenheit der Ethnien. Wird aber die unabhängige und freie Entwicklung der Ethnien, also ihre Verschiedenheit, gefährdet, ist damit der "Weltreichtum der Menschheit" in Gefahr, so de Benoist (ibid.: 30).

Das wichtigste Element des sogenannten Ethnopluralismus ist das Recht auf Verschiedenheit (Benoist 1999: 41, a.a.O.). Dieses Recht soll, geht es nach der Nouvelle Droite, von den Völkern auch als Pflicht wahrgenommen werden, ihren Traditionen treu zu bleiben und keine "fremden" Einflüsse aufnehmen. In den 60er Jahren sah die Nouvelle Droite in der Einwanderung aus den ehemaligen Kolonien die Hauptgefahr für die französische kulturelle Identität. Einwanderung gefährde nicht nur die zivilisatorische Unverwechselbarkeit der eigenen französischen Kultur, sondern die "Vermischung" von Angehörigen verschiedener Zivilisationen würde darüber hinaus zu einer geistigen Verarmung des Okzidents führen. Das käme dem Ende der zivilisatorischen Expansion Europas gleich, so der neurechte Dominique Venner in "Europe Action" von 1966 (zitiert nach Taguieff 1994: 12). Im Laufe der Jahrzehnte wandelte sich zwar nicht die Furcht vor der

Vermischung von Kulturen, allerdings schwächte sich der Anti-Immigrationsdiskurs zumindest in seiner Rhetorik ab. Man begann, ImmigrantInnen und Aufnahmegesellschaft als Opfer einer identitätszerstörenden, US-amerikanisch dominierten Globalisierung – der "weltweiten Gleichschaltung", die auch für die Migrationsbewegungen verantwortlich sei – (Benoist 1999: 8) zu bezeichnen. Migration wird so als Resultat eines globalen Kapitalismus verstanden und mit ihm zusammen abgelehnt (ibid.: 91), was mit der Achtung vor der Identität der Anderen wie der Eigenen begründet wird. Damit versucht man, sich endgültig von einer offen ausländerfeindlichen Politik zu distanzieren; denn das Thema des Immigranten als Sündenbock für sozi-ökonomische Probleme der Aufnahmegesellschaft ist für de Benoist untragbar (Benoist 1999: 91).

Das aus dem Kulturrelativismus entnommene, ursprünglich anti-kolonialistische, emanzipatorische Postulat des Rechts auf Differenz wird in der politischen Konkretisierung der Neuen Rechten zu einem Niederlassungsverbot von ImmigrantInnen und zu einem weltweiten Kampf für Apartheid umgedeutet. Auch de Benoist kritisiert vordergründig Universalismus, Kolonialismus und Imperialismus als unzulässige Einflußnahme auf andere Kulturen – aber nur, um sofort die Unverletzlichkeit des europäischen Kulturraums einzufordern. So geht ein Anti-Amerikanismus, der die Einmischung in die Angelegenheiten der für ihre Unabhängigkeit streitenden Völker vor allem der Dritten Welt kritisiert und das globale Hegemonialprojekt der USA ablehnt, mit der Forderung nach einem starken und unabhängigen Europa einher, das von der Neuen Rechten als eigener Kulturraum gegenüber dem dekadenten liberalistischen Amerika diskursiv gefestigt wird (Benoist 1983: 9f). Die Nouvelle Droite schwingt sich mit der Ablehnung von Imperialismus nicht nur zur Retterin unterdrückter Kulturen, sondern auch zur Verteidigerin der kulturellen Praktiken von ImmigrantInnen und damit zum "wahren" Antirassisten auf, da es nur ein differentialistischer Antirassismus erlaube, kulturelle Eigenheiten anzuerkennen. Weder Apartheid noch melting pot könnten das Ziel einer Integration dieser EinwandererInnen sein, sondern die Akzeptanz des "Anderen als Anderen in einer dialogischen Sicht gegenseitiger Bereicherung", die sich aber anscheinend in der Stärkung des als "Eigenen" empfundenen erschöpft (Benoist 1999: 42ff.).

Noch erstaunlicher werden die Äußerungen der Nouvelle Droite zur Migrationspolitik. Deren Ziel müßte zwar durchaus die Beschränkung von Einwanderung sein, wenn möglich gar die Umkehrung des "Trends" – also "Repatriierung", sprich Ausweisung (ibid.: 43). Trotzdem seien es nicht die ImmigrantInnen, die die kulturelle Identität der Aufnahmegesellschaft gefährdeten, sondern die Amerikanisierung der europäischen Kultur (ibid.: 91f). Die Lösung für dieses Problem sowohl im Sinne des Erhalts der Identität der Einwanderer als auch der der Aufnahmegesellschaft bestünde zunächst in einer entwicklungspolitischen Zusammenarbeit mit der Dritten Welt zur Abstellung der Migrationsursachen (ibid.: 44). Innenpolitisch müsse die Politik eines "gemäßigten Multikulturalismus" (Benoist 1999: 115) betrieben werden, die kommunitaristische Gemeinschaften fördere, kulturelle Identität von einer privaten zu einer öffentlichen Angelegenheit mache und irgendwann zu einer "Trennung von Staatsbürgerschaft und Staatsangehörigkeit führen" solle (ibid.: 44). Geschickt verbrämt finden wir hier die Forderung danach, daß die soziale und politische Rechte bedeutende Staatsangehörigkeit mit der ethnischen Herkunft oder Nationalität zusammenfallen muß, um überhaupt gewährt zu werden: Ein französischer Bürger kann nicht gleichzeitig aus Algerien stammen (Balibar 1993: 34). So vage und widersprüchlich diese Äußerungen sind, die einmal ImmigrantInnen als unschuldig am Verlust der eigenen Identität bezeichnen und die USA als Gefahr für Europa stilisieren, ein anderes mal die "Rückführung" der fremden Kulturen in ihre angestammten Territorien fordert, so sehr steht dahinter der Aufbau des Feindbilds "Ausländer". Es geht der Neuen Rechten nicht um Integration oder Assimilation, da diese das Recht und die Pflicht auf kulturelle Differenz mißachten würde; ja sogar als Verrat an der eigenen Herkunft verstanden und mißtrauisch beobachtet würden. Die Vorstellung eines statischen, möglichst nicht zu verändernden kulturellen Selbstbildes eines "Volkes" impliziert die Unmöglichkeit der Aufnahme von Menschen aus anderen Kulturen. Dennoch muß dieser Exklusion keine physische Ausweisung oder gar Vernichtung folgen, denn mit dem Postulat des Rechts auf kulturelle Identität auch in einem "Gastland" können Parallelgesellschaften legitimiert werden, deren soziale und politische Entrechtung mit kulturellen Differenzen und Unanpaßbarkeiten begründet wird, deren ökonomische Nützlichkeit aber gerne in Anspruch genommen wird.

KULTURELLER KRIEG GEGEN UNIVERSALISMUS UND MODERNE

Die Nouvelle Droite und de Benoist treten als Verfechter eines für sie spezifischen kulturellen Europas auf, das zur Wiedererlangung seiner Identität als "kontinentale Realität" (de Benoist 1999: 38) die gescheiterte Moderne mit ihren verlogenen Gleichheitsversprechen aufgeben müsse. De Benoists Kritik an der Moderne verdeutlicht, daß er alles Universelle zugunsten seines Pluriversums ablehnt (Benoist 1999: 36):

> "Die Überwindung der Moderne wird nicht die Form eines ‚großen Abends' einnehmen, sondern sich durch das Heraufkommen tausender Morgenröten äußern, das heißt durch das Aufbrechen, souveräner, von der Herrschaft der Moderne befreiter gemeinschaftlicher Räume" (ibid.: 17).

Die Morgenröten, also die kulturelle Vielfalt, sind für de Benoist in seinem im Original 1977 erschienenen Text im Anschluß an einen linken Kulturrelativismus ein für die Menschheit wichtiges Fortschrittsreservoir, das es gegen die Übel des universellen Gleichheitsdiskurses aller Großtheorien zu verteidigen gelte (de Benoist 1983: 12f.). Darüber hinaus weist dieses Bild die Vorstellung einer linearen, fortschrittsorientierten Geschichtsschreibung zurück[12]. Im Kontext der angeblichen Verteidigung der eigenen und anderen kulturellen Identitäten schließlich taucht im Sommer 1979 in einem Papier der zehn Jahre zuvor gegründeten GRECE der Begriff des "kulturellen Krieges" auf:

> "Nous sommes entrés dans la guerre culturelle. Les nations et les peuples de l'Europe se trouvent menacés d'anéantissement par une agression invisible, qui touche à leur constitution mentale" (Eléments, August 1979, zitiert nach: Taguieff 1994: 17).

Wer ist es, der diese europäische Mentalität angreift und zu zerstören sucht? Der Feind der Neuen Rechten besteht aus den Universalismen mit Gleichheitspostulat:

---

[12] So auch in Oswald Spenglers Geschichtsbild: "Ich sehe statt jenes öden Bildes einer linienförmigen Weltgeschichte [...] das Schauspiel einer Vielzahl mächtiger Kulturen, die mit urweltlicher Kraft aus dem Schoße einer mütterlichen Landschaft [...] aufblühen, von denen jede [...] ihre eigenen Leidenschaften, ihr eigenes Leben, Wollen, Fühlen, ihren eigenen Tod hat" (Spengler 1923: 27f., Bd. 1).

Marxismus, dem US-amerikanischen Liberalismus als "forme moderne dominante de l'égalitarismus" und dem "jüdisch-christlichen Kosmopolitismus"[13] (Taguieff 1994: 17). Offensichtlich ist, wie sehr die Bipolarisierung des Kalten Krieges die Argumentation der Neuen Rechten beeinflußt, wenn de Benoist von der geistigen Besatzung Europas durch die USA und der militärischen durch die UdSSR spricht (de Benoist 1983: 9). Von Zivilisationen, wie später bei Huntington, geht keine Gefahr aus, augenscheinlich überlagert der Kalte Krieg diese angeblich grundlegenden Einteilungen der Spezies Mensch. Trotz der Dominanz des Kalten Krieges auch in der Wahrnehmung der Nouvelle Droite wird klar, daß Europa als ein Kulturraum betrachtet wird, der mit den USA nichts gemein hat und die Ost-West-Trennung nicht als grundlegende Konfliktlinie angesehen wird. So dürfe man sich nicht

> "être submergées par les deux impérialismes [...] les nations européennes doivent concrétiser sur le plan politique l'unité de destin que la Communauté d'origine, la communauté de civilisation et l'Histoire ont forgée" (Programm des Wahlbündnisses REL von 1967, zitiert nach: Taguieff 1994: 13).

Aller Egalitarismus, der als Steigerungsform des Universalismus nicht nur alle Menschen gleich behandeln, sondern angeblich auch gleichmachen wolle und somit die Identität der Menschen und Völker bedrohe, wird als uneuropäisch (Benoist 1999: 36, 42) abgelehnt. Als eigentlicher Grund für den Verfall der antiken Kultur, dieser eigentlichen Wiege Europas (Weber 1997: 33), wird das wegen der Verwandtschaft mit dem Judentum als uneuropäisch gesehene Christentum ausgemacht. Es ist für die Nouvelle Droite der Urfeind der kulturellen Vielfalt, da auf seiner Gleichheitsidee auch Marxismus und Liberalismus aufbauten (Moreau 1983: 129). Eine "horizontale" Nächstenliebe wird abgelehnt und ein "vertikaler Humanismus" gefordert, der Unterschiede anerkenne und damit die egalitaristische Austauschbarkeit des Menschen beende (Seidel 1986: 124). Der Andere soll nicht mittels einer Abstraktion als Gleicher, sondern mit seiner Differenz geliebt werden; daher auch die Sakralisation der Differenz.

---

[13] Seidel weist darauf hin, daß im neorassistischen Diskurs "‚internationalists' or ‚cosmopolitans' are code words for Jews" (Seidel 1986: 124).

Die Idee einer Menschheit wird ebenfalls abgelehnt; allerhöchstens könne man so die zoologische Einheit der Menschen beschreiben. Unter Bezug auf den Nominalismus und dessen Kritik der "Hypostasierung universaler Begriff zu allgemeinen Wesenheiten" (Moreau 1983: 119) meint die Neue Rechte, daß es nur "die Menschen" gibt, daß

> "etwas gut ist, wahr, schon nur für den Menschtyp, dessen ‚ethnischem Substrat', psychischem Zustand, genetischer Zusammensetzung sowie sozialer und rassischer Umwelt es entspricht [...]. Jedem ‚ethnischen Substrat' entspricht eine eigene Logik, eine eigene Weltsicht" (Jean-Yves Le Gallou, zitiert nach: ibid.).

Aus der Negierung von Menschheit resultiert die Ablehnung der universellen Menschenrechte. Die Nouvelle Droite zählt sie zu denjenigen "sanften Idealen" (Christadler 1983: 181), die bei der Ausdehnung und Legitimierung von europäischer Herrschaft über andere Kulturen erfolgreicher funktionierten als traditionelle Imperialismen. Sie werden als der kleinste gemeinsame Nenner von Marxisten, Christen und Liberalen denunziert und unterminierten das "Recht der Menschen, das ihnen gemäße Schicksal zu leben" (ibid.: 183). Daß sich in dieser pseudonominalistischen Herangehensweise auch die Annahme von universellen Kategorien wie Rasse, Ethnie und Gruppe einer nominalistischen Kritik beugen müßte, wird von den neurechten Denkern übersehen, so daß die Kritik an universellen Annahmen keine postkoloniale Kritik der Aufklärung ist, sondern dem Versuch der Lähmung von Werten des Universalismus gleichkommt.

Interessant sind die Parallelen der Ablehnung von Universalismen durch Denker der Postmoderne und der Neuen Rechten. Wie schon im Falle des antikolonialistischen Impetus von Lévi-Strauss' Kulturrelativismus wird ein Konzept der Linken einer "Retorsion"[14] (Taguieff 1991) unterworfen. Darunter ist die Wiederaufnahme, die Wandlung und schließlich die Aneignung-Enteignung des gegnerischen Arguments zu verstehen. Im Falle der Ablehnung jeglicher universalistischer Werte durch die Neue Rechte wird die Kritik an einem unterdrückerischen humanistischen Universalismus, der versucht, ein normiertes Bild des weißen, heterosexuellen Subjekts zu verallgemeinern, der postmarxistischen-

---

[14] Auch im Sinne von Gegenmaßnahme, Vergeltung oder nach Lyotard List und Anschlag (Lyotard 1977: 45).

postmodernen Denkrichtung aufgenommen – doch nicht durch eine machtlose Minderheit in einen kurzen Moment der Stärke verwandelt (Lyotard 1977: 45), sondern als Position der Minderheit von der hegemonialen Mehrheit an der Macht gegen die Minderheit verwandt. Kurz: Wenn weiße Europäer den Verfall ihrer Kultur beklagen und ihr Recht auf kulturelle Identität fordern, tun sie dies immer aus der Position der ökonomischen, politischen und kulturellen Macht heraus. So wird ein vorher produziertes Ungleichheitsverhältnis mit dem Hinweis auf Differenzen erhalten, die erst durch das Ungleichheitsverhältnis entstanden sind. Dies ist der Weg vom universellen, über den superioren zum differentialistischen Rassismus.

KULTURREVOLUTION VON RECHTS[15]

Was ist die theoretische Basis des Entdeckens des Kulturellen in der französischen Neuen Rechten? Neben der Übernahme von Elementen des kulturrelativistischen Strukturalismus wird der italienische Marxist Antoni Gramsci mit seiner Theorie der kulturellen Hegemonie zur ihrer unfreiwilligen Leitfigur[16]. Gramsics These ist, daß in hochentwickelten Gesellschaften die politische und wirtschaftliche Herrschaft nur über die Gewinnung der kulturellen Hegemonie, also der geistig-ethisch-moralischen Führung zu erringen sei. Über Marx hinausgehend sagt Gramsci "in einer Neuformulierung des Basis-Überbau-Komplexes" (Ahlers 1997: 168), daß die Gedanken der herrschenden Klasse auch die Gedanken der nicht-herrschenden Klasse sind; andernfalls wäre Hegemonie als Führung nicht möglich. In der Zivilgesellschaft mit ihrer großen Dezentralisierung von Macht gehe diese Hegemonie nicht mehr allein vom Staat aus, sondern von in kulturellen Organisationen (Kirche, Schule oder Universität) organisierten professionellen Intellektuellen als Hauptträger der Veränderung des gesellschaftlichen Bewußtseins. Für de Benoist ist Gramsci der "Theoretiker der ‚kulturellen Macht'" (Benoist 1984: 479) und seine Theorien bilden für die Neue Rechte die Basis für die Erlangung der kulturellen Hegemonie durch Aufbau einer "contre-pouvoir

---

[15] Titel eines Buches von de Benoist (Krefeld 1985).
[16] De Benoist kritisiert ausdrücklich die theoretische Unbeweglichkeit der Rechten Frankreichs, die sich mehr um Gramscis Konzept der kulturellen Hegemonie und um Althussers "theoretische Praxis" kümmern solle (Benoist 1983:19).

culturel" (R. de Herte, alias de Benoist: La révolution conservatrice in: Éléments Februar/April 1977; zitiert nach: Taguieff 1994: 17). Gesellschaftliche Veränderungen werden in de Benoists Gramsci-Adaption als "Kulturkrieg" (Benoist 1985: 49) bezeichnet, in dem fern von politischen Aktionen oder Wahlkämpfen hauptsächlich durch theoretische Reflexion ("Metapolitik") die Revolution in den Köpfen vorbereitet werden soll. Durch Wissenschaftlichkeit beanspruchende und öffentlichkeitswirksame Publikationstätigkeit soll so in den allgemeinen Diskurs eingegriffen und dieser in die gewünschte Richtung gebracht werden, um bestehende Werte und Mentalitäten zu verändern (Weber 1997: 32), die erst politisches Verhalten und Aktionen in bestimmte Richtungen lenken. So wird Kultur aus einem gramscianischen Zusammenhang herausgerissen, erstmals als Mittel zur Machtübernahme ernst genommen (Taguieff 1994: 18) und die traditionell anti-intellektualistische und völkisch-nationalistische Rechte rechts überholt. Daraus wird sogar ein doppelter Geländegewinn, weil neben der Zurückweisung des Faschismus-Verdachts auch "linke" Theorien durch ihre Übernahme sofort von der Linken in Zweifel gezogen werden.

ZUSAMMENFASSUNG

Die Nouvelle Droite, die als Vorläuferin ähnlicher Bewegungen in Europa und den USA gelten kann, bedient sich aus Bruchstücken des Kulturrelativismus, um kulturelle Reinheit anstelle von biologischer Rassenreinheit zu propagieren, sakralisiert mit ihrem Kult um die kulturelle Differenz Ethnizität und verabsolutiert sie. Einwanderung ist für die Nouvelle Droite Ergebnis einer US-geführten Globalisierung, die nicht nur die Identität der zur Migration Gezwungenen bedroht, sondern gleichermaßen die Kultur der Aufnahmeländer. Gramscis Theorie der kulturellen Hegemonie ist zumindest in den Vorstellungen von de Benoist zentral im Kampf um die politische Macht. So werden scheinbar MigrantInnen von ihrem Sündenbockdasein, das sie in der traditionellen Rechten spielen, befreit und zusammen mit den Mitgliedern der Aufnahmegesellschaft auf die Stufe des Opfers der US-amerikanischen kulturellen Homogenisierung gestellt. Die Kultur Europas erfährt durch die Nouvelle Droite eine Neudefinition: Nicht mehr Aufklärung und "die Ideen von 1789" sind Basis einer abendländischen Kultur, sondern das griechisch-germanisch-keltische (also paganistische) Erbe. Auf dessen Basis soll eine Kulturrenaissance eingeläutet werden, die nichts weniger als "die Erfindung einer neuen Welt" sei (Pierre Vial, Generalsekretär der GRECE: Pour une renaissance culturelle, zitiert nach: Christadler 1983: 173). Der Vorstellung der "wiedererwachenden" europäischen Kulturgemeinschaft liegt Spenglers kulturmorphologisches Bild von "organischer Kultur" zugrunde, das im seinerzeit "modernen" Okzident eine vergreisende und von anderen Kulturen überrannte Zivilisation sah, die ihren kulturellen Höhepunkt längst erreicht hatte (Spengler 1923, Bd. 1: 143). Die Berufung auf Antike und Germanentum ist vor allem deshalb von Bedeutung, weil so Judentum und Christentum als Wegbereiter eines universalistischen Egalitarismus als uneuropäisch gebrandmarkt werden können. Damit wird eine partikulare europäische Kultur hergestellt, die alles Universale ablehnt, weil sie es selber nie war beziehungsweise durch Uneuropäisches "verführt" wurde.

Die Heiligsprechung der kulturellen Differenz entspricht nicht dem kulturrelativistischen Ansatz von Lévi-Strauss, kulturelle Eigenheiten als Möglichkeit des Fortschritts der Menschheit in einer Weltzivilisation zu erhalten. Vielmehr folgt ihr die Festlegung unüberschreitbarer kultureller Grenzen, der eine konkrete Politik der Verwehrung von demokratischen Partizipationsrechten, der Ausbeutung von MigrantInnen und die Verschärfung von Asyl- und Einwanderungsbestimmungen entspricht. Dies geschieht alles unter dem Postulat der Unverträglichkeit mehrerer Kulturen in einer Gesellschaft. Der dabei zugrundeliegende Kulturbegriff ist anti-gesellschaftlich, anti-individuell, schreibt Kultur eine "übermächtige Prägekraft gegenüber Individuen zu" (Heither und Wiegel 2001: 60), beschreibt ein kollektivierendes Schicksal "in das der einzelne ‚genetisch' durch Mythen der Abstammung, Sprache, Geschichte etc. eingeschmolzen ist. [Die Kultur] gewinnt ihre Kontur in einem ‚Pluriversum' der Abgrenzung von anderen Kulturen" (Terkessidis 1995: 76). Wenn kulturelle Zugehörigkeit als angeborenes Verhaltens- und Denkmuster verstanden wird, ist der Unterschied zu einer "rassischen" Zugehörigkeit nicht weit. Der Neorassismus der Neuen Rechten basiert auf der Verschiebung des biologistischen Rassismus in Richtung eines kulturdifferentialistischen Ansatzes, wobei aber die politische Stoßrichtung bestehen bleibt:

"L'impératif de séparation demeure, sous les différences habillages idéologiques. Car la ségrégation peut être légitimée autant par la différence culturelle que par l'inégalité raciale" (Taguieff 1994: 16).

Auch wenn ein diskreditierter Begriff wie der der biologisch determinierten menschlichen Rassenzugehörigkeit aus dem Diskurs verschwindet, kann mit der Verschiebung in eine quasi-biologische Kultur- oder Zivilisationszugehörigkeit eine rassistische Politik von Ausgrenzung und Segregation betrieben werden, die sich darüber hinaus auf das Recht und die Pflicht zur kulturellen Differenz beruft und damit Ideen des differentialistischen Antirassismus übernimmt.

Die Neue Rechte zeichnet sich im Vergleich mit dem Konservativismus durch ihr Bemühen aus, eine kohärente Theorie für politisches Handeln zu entwerfen, um damit einen Nachteil des theorielosen Konservativismus gegenüber Liberalismus und Sozialismus auszugleichen (Venner 1994: 50). Diese "relativ beachtlichen intellektuellen Leistungen" (Fetscher 1983: 7) bestehen aus einem eklektizistischen Zugriff auf Ethologie, Strukturalismus, Anti-Kapitalismus und postkolonialen Diskurs.

Bedeutsam in der Betrachtung der Neuen Rechten und ihres differentialistischen Rassismus auch für die spätere Analyse der Leitkulturdebatte ist, daß die Grenzen zwischen dem konservativen Lager und dieser Rechten zerfließen. Durch ihre Metapolitik beeinflußt das neurechte Denken gleichsam von außen sowohl das altrechte Parteienspektrum wie auch die konservative Mitte der politischen Landschaft. Nicht mehr durch plattes "Ausländer raus!" oder einen plakativen Wahlkampf wird versucht, ein neues geistiges und politisches Klima zu schaffen, sondern durch den Transport von neurechten Ideen in die nahestehende etablierte politische Landschaft – deswegen wäre es auch völlig falsch, die Gefahr der Neuen Rechten daran festzumachen, ob und wann eine Partei zustande kommt. So ist die Neue Rechte auch nicht ein Analyse-Kunstgriff, um sich der heiklen Grenzziehung zwischen der demokratischen Konservativen und der antidemokratischen und rassistischen Rechten zu entziehen, sondern muß wegen ihres ideologischen Fundaments und ihrer praktischen Organisiertheit als eigenständige reale Größe betrachtet werden. Diese liegt vor allem in eben dieser oben genannten "Scharnierfunktion" (Gessenharter 1989: 424), die zum Beispiel konservative, der Neuen Rechten aber nicht zugehörige, Intellektuelle und Politiker ausüben, die durch

Autorenschaft in rechts-konservativen Veröffentlichungen diese gleichsam in die Mitte hineinnehmen und damit hoffähig machen. Für den deutschsprachigen Bereich ist zum Beispiel die sich als Theorieorgan der Neuen Rechten verstehende Zeitung "junge freiheit" bedeutsam, in der sich, wie wir später sehen werden, mehrfach Politiker sowohl aus CDU als auch aus SPD zur Leitkulturdebatte geäußert haben. So kann sich die Zeitung auch als Gesprächspartner der demokratischen Konservativen etablieren und ihrerseits rechte Diskurse entschärfen, indem Teile ihrer Orientierungsmuster in die sogenannte gesellschaftliche Normalität integriert werden. Auf diese Weise können Themen in eine breite gesellschaftliche Diskussion eingebracht werden, die sonst in dieser Form nicht denkbar wäre: Asylrechte, restriktive Einwanderungsgesetzgebungen und "nationale Identität". Dies wird dann zusätzlich als "Enttabuisierung" und Durchbrechung von durch "Political Correctness" aufgebauten diktatorischen Meinungsverboten gefeiert.

DAS VERSCHWINDEN VON RASSE UND DER SIEGESZUG DER KULTUR

Im neokulturalistischen Kontext ist es wichtig, sich der Begriffsverschiebung von biologischer Rasse zu "Kultur" zu vergegenwärtigen. Hier soll dargestellt werden, wie dieses ohne den Verlust der Funktionalität der neorassistischen Ideologie passiert.
Adorno beschreibt 1955 einen ersten semantischen Wechsel von Rasse zu Kultur: "Das vornehme Wort Kultur tritt anstelle des verpönten Ausdrucks Rasse, bleibt aber ein bloßes Deckbild für den brutalen Herrschaftsanspruch" (Adorno 1975: 277). Während der Holocaust Vorstellungen von rassischer Überlegenheit diskreditiert hatte, konnte die Re-Etablierung des alten Feindbildes "der Slawen" in Form des Kommunismus und die erneute Festigung eines abendländischen geopolitischen Raumes über den Begriff der Kultur gelingen – dies ist auch als Abwehrreaktion von Schuldgefühlen angesichts der Verbrechen von NS-Deutschland zu sehen. Der Herrschaftsanspruch entsteht aus der angeblichen Überlegenheit der abendländischen Kultur, in die durch die neuen Frontlinien des Kalten Krieges nun auch die USA eingeschlossen wurde. In einer solchermaßen

konfigurierten kulturellen Einbettung konnte auch die BRD mit ihrem "aufklärerischen kulturellen Erbe" und mit ihrer Bollwerkfunktion für Demokratie und Menschenrechte wieder einen Platz finden (Bielefeld 1991: 13).
Es ist die Konnotation, nicht die Denotation von Rasse, die bedeutsam bei der Verschiebung zu Kultur ist. Daher fragt Colette Guillaumin (1991) nach den Konnotationen von Rasse, die fortexistieren und so trotz der Delegitimierung des Begriffs selber rassistische Praxis weiter ermöglichen. Da Rasse nur der Begriff für einen synkretistischen Holismus aus sozialen (Sprache und materielle Kultur), symbolischen und geistigen (politische Praktiken und kulturelle Verhaltensweisen), morpho-physiologischen, und imaginären (Deutungen von Realem, das aber zu Wahnelementen transformiert wird) Eigenschaften ist, kann zu diesem "Cluster unbeständiger Bedeutungen" (ibid.: 164ff.) auch ein anderer Zugang gefunden werden, der eine Ausschließung bedeutende Ideologie legitimieren kann. Dieser ist im Begriff der Kultur perfekt verkörpert. Zwar kommt auch er nicht "ohne einen Rekurs auf eine ‚gemeinsame Herkunft' aus, die das interdiskursive Scharnier zwischen dem historizistischen Diskurs der Überlieferung und dem biologistischen Diskurs der Abstammung darstellt" (Müller 1992: 103), doch verweist er das Phantasma der biologischen Abstammung, das für Rasse so wichtig ist, auf einen Nebenschauplatz beziehungsweise durch die "emphasis on ‚rootedness', [which] is fundamental to New Right discourse" (Seidel 1986: 110) ersetzt. Der Mensch wird nach seiner Befreiung als Individuum sofort in das Gefängnis der Rasse und dann in das der mit einem Territorium verwurzelten Kultur eingesperrt.

NEORASSISMUS UND ANTISEMITISMUS: STRUKTURELLE VERWANDTSCHAFT?

Der Begriff der Kultur konnte, so Etienne Balibar, relativ nahtlos an Antisemitismus und "allgemeinen" Rassismus anschließen – an den einen, weil dieser ohnehin vorrangig kulturalistisch argumentiert, an den zweiten, weil die Funktion der Exklusion, Marginalisierung, Einordnung, Klassifizierung und Kontrolle durch den kategorialen Apparat des modernen Nationalstaats auch über die Postulierung einer fremden und daher bedrohlichen Kultur laufen kann (Balibar 1991: 24, Cohen 1997: 88 und Müller 1992: 114). Rassismus und Antisemitismus sind zwei Formen derselben Ausschließungspraxis, die aber "ihre je eigene Geschichte und Bedeutungsstruktur besitzen" (Cohen 1997: 87). Im Neorassismus scheinen sie ihrer Wirkungsart nach zusammengefunden zu haben, so daß sich von ihm als "generalized anti-Semitism" sprechen läßt (Balibar 1991: 24); denn auch der moderne Antisemitismus argumentiert mehr auf kultureller Ebene, als daß er sich auf biologische Eigenarten bezieht. So war im NS-Deutschland Jude, wer wenigstens drei jüdische Großelternteile besaß, beziehungsweise hatte als Jude zu gelten, wer von zwei jüdischen Großeltern abstammte und sich darüber hinaus zur jüdischen Religion bekannte: "Für die Bestimmung des Status der Großeltern galt weiterhin, daß ein Großelternteil jüdisch war, wenn er (oder sie) der jüdischen Religionsgemeinschaft angehörte" (Hilberg 1990: 76). Der moderne Antisemitismus ist stark geprägt von der Angst vor der schleichenden Unterwanderung durch den Juden. Im bürgerlichen Diskurs der Aufklärung wurde der tradierte Antijudaismus der spätfeudalen und absolutistischen Ordnung von den christlich-religiösen Legitimationsmustern gelöst und mit Versatzstücken aus unterschiedlichen wissenschaftlichen Disziplinen und philosophischen Diskursen verknüpft. Johann Gottlieb Fichte zum Beispiel sprach 1793 den Juden zwar die Menschenrechte zu, jedoch die Bürgerrechte ab, da sie einen Staat im Staate bildeten und man "ihnen allen die Köpfe abzuschneiden und andere aufzusetzen [hätte], in denen nicht eine jüdische Idee sei", wenn sie Citoyens werden wollten (Fichte 1973: 115). Daraus spricht die Angst vor einer geheimen, unkontrollierbaren Macht innerhalb des Staates, die mit Hilfe des mit dem Juden assoziierten Finanzkapitals die Geschicke des Staates lenken könnte (vgl. Müller 1992: 118f.). Dieses Phantasma jüdischer Macht legitimierte Vertreibung und Gewaltexzesse. Fichtes Forderung nach einem Ausschluß der Juden resultiert zwar nicht in dem aus der gemeinsamen Menschheit, wohl aber aus dem der Partizipation am Staatswesen, weil kulturelle Zugehörigkeit als nicht wandelbar angesehen wird. So wird die Frage der Assimilation im Antisemitismus bedeutsam, die sich auch im Kontext des Neorassismus wiederfinden läßt. Cohen schreibt zur Judenverfolgung im Dritten Reich, daß gerade die assimilierten Juden besonders brutal behandelt wurden, da "in den Augen der Antisemiten [.] es verwerflich genug [ist], ein Jude zu sein, jedoch vorzugeben, keiner zu sein, [.] ein noch größeres Verbrechen" (Cohen 1990: 82). Die antisemitische Argumentation begreift den Juden immer dann um so gefährlicher, je mehr er sich assimiliert, je weniger er von den Eigenen zu unterscheiden ist und so die Gemeinschaft unterwandern kann (Balibar 1991: 24). So gesehen ist die Angst um das, was man als eigene kulturelle Identität begreift angesichts von Immigration genau diese Furcht vor Zersetzung; Angepaßtheit von MigrantInnen bedeutet gar die Notwendigkeit erhöhter Vorsicht im Umgang mit ihnen. So hat Poliakov nicht unrecht, wenn er meint, daß der moderne Antisemitismus "aus der panischen Angst vor der zunehmenden Verwischung der Unterschiede auf allen Ebenen" entspringt (Poliakov 1979: 108) und der permanenten inneren Bestätigung des europäischen Abendlandes als Geistesgemeinschaft dient.

Wenn heute von ImmigrantInnen Integrationsbemühungen als Voraussetzung der vollen staatsbürgerlichen Gleichberechtigung gefordert werden, ist damit immer der Verdacht verbunden, daß die Integration nur äußerlich ist, nur auf Gesetze, aber nicht auf Werte und "Kultur" bezogen ist. Verfassungs- und Gesetzestreue müssen durch Anpassung an "typische kulturelle Gepflogenheiten" ergänzt werden. So ist es richtig – dies ist ein Vorgriff auf die Diskussion der Leitkulturdebatte – wenn der in der Leitkulturdebatte immer wieder geäußerte Vorwurf an Mitglieder anderer Kulturen, auf einer eigenen kulturellen Tradition zu bestehen, nach Harald Martenstein

"den klassischen Vorwürfen der Antisemiten gegen die Juden viel zu ähnlich [ist]. Sie wollen Deutsche sein, und feiern nicht einmal Weihnachten! Man muß in manchen Texten der ‚Leitkultur'-Debatte nur einmal das Wort ‚Moschee' durch das Wort ‚Synagoge' ersetzen: dann versteht man es" (Martenstein 2000)[17].

Doch selbst wenn EinwandererInnen zum Christentum konvertierten und Weihnachten feierten, bestünde ob ihrer Herkunft oder der ihrer Vorfahren immer der Verdacht auf bloß äußere Einpassung und man würde weiterhin argwöhnisch beobachten, ob "die Schornsteine [.] am Sabbat nicht rauchen" – wie Reemtsma den Argwohn der spanischen Christen gegenüber den zwangskonvertierten jüdischen

---

[17] So auch Oberndörfer, der meint, daß die Anheizung der Ängste vor dem Islam in manchem an den Antisemitismus erinnert und nun der Anti-Islamismus "als Ersatz für das in allen Gesellschaften angelegte Potential der Ablehnung von Minderheiten" fungiert (Oberndörfer 2001: 30).

Marranen beschreibt (Reemtsma 1991: 270). Die Ähnlichkeit der Furcht vor "den Juden" und vor den Angehörigen "des Islam" besteht darin, daß von beiden die Geschlossenheit ihrer Gesellschaften behauptet wird und beide "international" seien beziehungsweise einen absoluten Anspruch hätten. Auch, daß die Juden genau wie die MigrantInnen bereits innerhalb der "eigenen" Kultur sind und von innen heraus den nationalen Körper angreifen können, verdeutlicht die Nähe von Antisemitismus und Neorassismus.

Adorno spricht vom Antisemitismus als dem Gerücht über die Juden (1951: 141). im Anschluß daran spricht Müller von einem "postmodernen Antisemitismus, der zitierend, nicht agitierend, versteckt, nicht offen vorgetragen wird" (Müller 1995: 126). Noch von jeder realen Existenz von Juden abgekoppelt, wirken die phantasmatischen Zuschreibungen weiter, so daß nur Anspielungen genügen, um antisemitische Regungen zu erzeugen. Das Tabu, mit dem der Antisemitismus nach dem Zweiten Weltkrieg belegt wurde, unterliegt einer Umkehrung: Die Existenz des Tabus suggeriert, daß die negativen Zuschreibungen, die im allgemeinen Wissen mit unverminderter Stärke verankert sind, Wahres enthalten müssen. Dadurch werden die ehemaligen antisemitischen Verfolger zu den Verfolgten, die Täter-Opfer-Position wird umgedreht, da für den Antisemiten Wahres mit einem Aussprechverbot durch den Juden belegt ist (ibid.). So meint Müller, daß die "vielzitierten ‚ethnischen Realitäten' [.] auch nichts anderes als das Gerücht über die Migrantinnen, Migranten und Flüchtlinge" seien (ibid.: 127).

Der Tabubruch läßt sich auch in der neorassistischen Argumentation finden, ebenso die Umkehrung der Rollen des Bedrohten und der Bedrohenden. Die angebliche Bedrohung der eigenen kulturellen Identität durch "Asylantenflut", Armutsmigration und daraus entstehende, für "uns" undurchschaubare Parallelgesellschaften im eigenen Land spricht diese Sprache. Das Brechen von Tabus, das Aussprechen von "unbequemen Wahrheiten" gegen die "Wortpolizei" der Political Correctness ist die Methode dieser Retorsion.

Balibars These der Verwandtschaft von Antisemitismus und Neorassismus muß allerdings in einem Punkt ergänzt und revidiert werden. Ein bedeutender Unterschied besteht nämlich in der Gleichsetzung von Judentum und Geldwirtschaft. Diese falsche Kapitalismuskritik am raffenden Kapital (Hund 1999: 58) findet kein direktes Äquivalent im Neorassismus. Den MigrantInnen wird nicht Wucherei oder Geldherrschaft vorgeworfen, sondern "Einwanderung in die Sozialsysteme", Schmarotzertum, Faulheit und „Asozialität – was Hund das Zigeuner-Gen nennt (ibid.: 75). Diese Vorwürfe allerdings betonen den Gegensatz zwischen der füreinander wirkenden Gemeinschaft und den parasitären Dazukömmlingen, so daß durchaus zwischen den angeblich nichtproduktiven ImmigrantInnen und den ebenso Nichts produzierenden Juden von Verwandtschaft gesprochen werden kann.

KULTURALISIERUNG DES POLITISCHEN: DER CLASH OF CIVILISATIONS

Kultur und Zivilisationszugehörigkeit wurden mit dem Ende des Kalten Krieges und dem Ende der Systemkonfrontation zum vorherrschenden Erklärungsmuster von Konflikten sowohl zwischen Staaten wie auch von innergesellschaftlichen Konflikten. Während auf der Ebene der Außenpolitik der Nationalstaat die weltpolitische Bühne zu verlassen scheint und durch als Zivilisationen handelnden Akteure ersetzt wird, wird auf der Ebene der Innenpolitik die Inkorporation von ImmigrantInnen zur Zerreißprobe der bislang sich anhand von Homogenität beanspruchenden nationalen Identitäten orientierenden Gesellschaften. Samuel P. Huntington, einflußreicher US-amerikanischer Politikwissenschaftler- und Berater, hat zu Beginn der 90er Jahre mit geballter publizistischer Kraft das neue Paradigma des Clash of Civilisations popularisiert[18] und in Bassam Tibi, dem Stichwortgeber der deutschen Leitkulturdebatte, einen glühenden Anhänger in Europa gefunden. Die Huntingtons Clash-Paradigma unterliegende Hypothese der kulturellen Polarisation, also der Selbstbewußtwerdung von Kulturen in Abgren-

---

[18] Schon 1963 hatte Raymond Aron bereits von Rückbesinnung auf "Kultur" und Stammeszugehörigkeiten gesprochen: "In einer der Voraussetzung nach befriedeten Menschheit hätten sehr viele politische Einheiten vielleicht die Neigung, sich aufzulösen; die Kulturgemeinschaften, die viel kleiner sind, den Individuen viel näher, würden ihre Selbstständigkeit wiedererlangen" (Aron 1963: 874). Und da "das Stammesbewußtsein [.] im ganzen unvergleichlich viel stärker als das menschliche Bewußtsein" sei, geht Aron nach dem Sieg der einen oder anderen Supermacht davon aus, daß es zu dieser Rückbesinnung kommen wird (ibid.: 907). So auch Huntington: "Kulturen sind die ultimativen menschlichen Stämme, und der Kampf der Kulturen ist ein Stammeskonflikt im Weltmaßstab" (Huntington 1996: 331). Zur Herkunft von Zyklentheorie und Kulturkampf siehe auch Caglar 1997.

zung zu anderen, ist ein Versuch, Konflikte im Zeitalter der Globalisierung zu erklären. Sie konkurriert mit den Ansätzen, die eine kulturelle Homogenisierung oder eine kulturelle Hybridisierung erwarten. Alle drei Ansätze betrachten Großgebilde namens Kulturen, ohne weitere sozioökonomische Differenzierungen innerhalb der Kulturen vorzunehmen, wie es zum Beispiel die Cultural Studies mit der Bezeichnung von Kultur als situativen und kontextgebundenen "whole way of life" tun und kulturelle Muster als veränderlich, diskursiv und als innerhalb von Machtverhältnissen und durch Klassifikationssysteme konstruiert begreifen. Huntingtons essentialistisches Weltbild aber mißachtet die gesellschaftlichen Konflikthintergründe und begreift die Zugehörigkeit von Nationalstaaten zu ahistorischen, organischen und in sich abgeschlossenen Kulturen oder Zivilisationen als das weltpolitische Ordnungsmuster des 21. Jahrhunderts. Dabei orientiert er sich an Johann Gottfried Herders Kugeltheorie, die Kulturen als lebendige kugelförmige Gebilde mit einem "Mittelpunkt der Glückseligkeit" begreift. In ihnen werden die Individuen in einem "schicksalhaften Gesamtstrom" mit sich geführt (Terkessidis 1998: 91). Entscheidend für diesen Kulturbegriff ist die Vorstellung der absoluten Abgeschlossenheit der Kultur und die Gleichwertigkeit aller Kulturen. Oswald Spenglers Kulturmorphologie bildet den zweiten theoretischen Hintergrund von Huntingtons Paradigma. Spengler versteht Kulturen als lebendige Wesen, die geboren werden, altern und schließlich sterben – für Spengler erklärt sich so auch der nahende Untergang des Abendlandes.

In folgendem Abschnitt soll anhand verschiedener Texte Huntingtons eine Darstellung des sich vordergründig auf außenpolitische Konflikte zwischen dem Westen und dem Rest beziehenden Clash of Civilisations und des ihm eigentlich unterliegenden Hintergrunds der sich durch Migration verändernden US-amerikanischen Gesellschaftszusammensetzung gegeben werden. Anschließend wird der Clash of Civilisations in den Kontext der Leitkulturdebatte gerückt.

ZIVILISATIONEN UND WELTPOLITIK

In seinem 1993 erschienenen "Clash of Civilisations?" postulierte Huntington erstmals, daß nicht mehr die ideologische Konfrontation des Kalten Krieges die Weltpolitik bestimmen würde und auch ökonomische Konflikte nicht das seien, was Konflikte in erster Linie verursache, sondern "the best simple map of the post-

Cold War world" (Huntington 1993b: 2) die der Differenzen zwischen Zivilisationen sei: "The great divisions among humankind and the dominating source of conflict will be cultural" (Huntington 1993a: 22). Die Triade "Freie Welt", "Zweite Welt" (Kommunistischer Block) und "Dritte Welt" hat sich damit aufgelöst und ihren "natürlichen" Nachfolgern in Form von in Zivilisationen gruppierbarer Kulturen Platz gemacht. Der westliche Nationalstaat hat als alleiniges Subjekt der Geschichte ausgedient und "in the politics of civilisations, the peoples and governments of non-Western civilisations [...] join the West as movers and shapers of history" (ibid.: 23f). Nachdem der "velvet curtain of culture" (ibid.: 31) den Eisernen Vorhang ersetzt habe, würden aus den "the fault lines between civilisations [..] the battle lines of the future" (ibid.: 22).

Wie sehen nach Huntington diese wiederentstandenen, geschichtsmächtigen Zivilisationen aus? Erkennen ließen sie sich anhand "objektiver Kriterien" wie gemeinsame Sprache, Geschichte, Religion, Bräuche und Institutionen und anhand der "subjektiven" Selbstidentifizierung der Menschen (Huntington 1993a: 24). Zivilisationsgehörigkeit ist der Größte Gemeinsame Nenner der Menschen[19]; "Menschheit" wird demnach zu einem allenfalls zoologischen Begriff[20]. Die Zivilisationszugehörigkeit könne, nachdem der Nationalstaat und die Ideologie nicht mehr Hauptquelle von identitärer Heimat sind, eine sichere Identität für Menschen bieten. Nach Huntington bestehen heute folgende Zivilisationen: "Western, Confucian, Japanese, Islamic, Hindu, Slavic-Orthodox, Latin American and possibly African civilisation", die aus verschiedenen Sub-Zivilisationen bestehen; so gehören etwa dem Islam die arabische, malaysische und türkische Kultur an. Widersprüchlich bleibt, warum Religion als so wichtig erachtet wird, Ost- und Westchristentum jedoch getrennt bleiben und auch die Philippinen oder Mexiko, obwohl doch stark katholisch geprägt, nicht Teil der westlichen Zivilisation sind. Weiterhin fällt auf, daß außer dem Westen, Japan und Lateinamerika alle Zivilisationen religiös definiert sind und daß es diese sind, die verstärkte Zusammenarbeit anstreben sollten. Die zwischen den Zivilisationen bestehenden Differenzen bedeuteten nicht notwendigerweise Konflikt, allerdings: "Over the centuries, howe-

---

[19] "At the broadest level these groups [of states, H.P.] are civilisations. To deny their existence is to deny the basic realities of human existence" (Huntington 1993a: 6).

[20] "Ein Kulturkreis ist [...] die allgemeinste Ebene kultureller Identität des Menschen unterhalb der Ebene, die den Menschen von anderen Lebewesen unterscheidet" (Huntington 1996: 54).

ver, differences among civilisations have generated the most prolonged and the most violent conflicts", die augenscheinlich auch bisweilen zur Vernichtung oder Konvergenz von Zivilisationen geführt haben, wie Huntington mit der Erwähnung von Arnold Toynbees vor Jahrzehnten gemachter "Zählung" von 21 Zivilisationen andeutet (ibid.: 24f.). Diese konfliktgenerierenden Unterschiede bestünden in kulturell spezifischen Eigenheiten wie Religion, Rolle der Geschlechter, Freiheit und Autorität, Gleichheit und Hierarchie.

Ökonomische Differenzen bleiben bei Huntingtons Suche nach den Konfliktstoffen der Menschheitsgeschichte ausgespart. Die Existenz von Zivilisationen wird von Huntington axiomatisch als "real" und "basic" bezeichnet, so daß nach Abwurf des die tatsächlichen Konfliktursachen verschleiernden Mantels des ideologisches Konflikts die wirklichen kulturellen Ursachen hervortreten können (ibid.). Die Einteilung der Welt in zivilisatorische Großregionen und die Postulierung, daß Weltgeschichte die Geschichte der großen Kulturen sei (Huntington 1996: 536) bedeuten, daß politisches und kulturelles Handeln nur raumspezifisch stattfinden kann. Dieses drückt sich für Huntington sehr konkret aus; zum Beispiel funktioniere ökonomische Zusammenarbeit zwischen Nationalstaaten dann am besten, wenn sich zivilisatorische Grenzen mit denen der Wirtschaftsräume deckten. Solche "kin countries" (Huntington 1993a: 35) seien die Nationen der EU oder der NAFTA (ibid.: 27ff.).

KUTURELLER ZUSAMMENSTOSS UND ESSENTIELLES ZIVILISATIONSBEWUSSTSEIN

Nach Huntington ist die kulturelle Identität in Form von Zivilisationszugehörigkeit nicht änderbar. Sie ist primordial und essentiell für den Einzelnen (Huntington 1993a: 27)[21]. Kulturelles Verhalten ist bei Huntington biologisch determiniert. Zwar könnten Ideologien abgelegt werden, aber – so führt er am Beispiel von "Russen" aus – kulturelle Verhaltensweisen nicht. Und diese seien es, die unweigerlich zu zivilisatorischen Konflikten führten: "If, as the Russians stop behaving like Marxists, they reject liberal democracy and begin behaving like Rus-

---

[21] Diese primordialen Erzählungen sind ein "critical element of a common triadic structure of rhetoric: great past and future, but degraded present; which motivates political action and prescribes actions against national decline", so Levinger und Lytle (2001: 177).

sians but not like Westerners, the relations between Russia and the West could again become distant and conflictual" (ibid.: 45). Damit wird eine unüberwindbare Essentialisierung des Kulturellen vorgenommen, die, bis zum Ende durchdekliniert, auch eine unüberwindbare Konfliktträchtigkeit jedes interzivilisatorischen Dialogs impliziert.

Während nichtwestlichen Zivilisationen unveränderliche Eigenschaften zugeschrieben und das zivilisatorische Bewußtsein ihrer Kollektive essentialisiert werden, stehen dem Westen aufgrund seiner Moderne alle Wege der Entwicklung offen. In Huntingtons Wertedichotomie zwischen Familie, Blut und Glauben auf der nichtwestlichen Seite, und Marktwirtschaft/Konkurrenz, Individualismus und Freiheit auf der westlichen Seite, herrscht ein unüberwindbarer zivilisatorischer Abgrund (Huntington 1996a: 331).

Als Beispiel für Huntingtons Vorstellung von nichtwestlicher, statischer beziehungsweise sich im Kreise drehender Geschichte kann seine Entdeckung der Essenz der Geschichte Rußlands gelten: Diese würde sich schon seit eintausend Jahren um den Konflikt zwischen Slawen und Türken drehen, während die europäische Geschichte die der Aufklärung und des Fortschritts, der Enethnisierung und der Säkularisierung sei (Huntington 1993a: 33). So charakterisiert er soziale und historische Phänomene als kulturelle Traditionen, deren Ursprung vor allem in spezifischen Religionen gesehen wird, die selber anscheinend "need no further explanation as prime mover" (Jameson 2000: 60).

Während der Westen Europas durch Aufklärung, Französische Revolution und Reformation geprägt sei – und nebenbei auch "economically better off" sei – seien die Völker jenseits der West-Ost-Linie kaum von diesen für Huntington so markanten Punkten der Geschichte berührt worden, ökonomisch zurückgeblieben und viel weniger demokratiefähig. So kann Huntington auch zwischen West- und Osteuropa, beziehungsweise der "western Christianity and orthodox Christianity" leichterdings trennen und letztere auf die gleiche Stufe wie den Islam stellen (Huntington 1993a: 30).

Aus den tatsächlich gescheiterten oder "oberflächlich gebliebenen" Versuchen, in postkolonialen Ländern oder den Nachfolgestaaten der UdSSR nach westlichem Muster funktionierende nationalstaatlich organisierte Demokratien zu installieren, schlußfolgert er, daß Demokratie für diese Kulturen generell kein gangbarer Weg sei und daß sie in nichtwestlichen Ländern gar zu einem "Anti-Okzidentalismus" führe. Alles was den Westen ausmache – Individualismus, Liberalismus, Konstitutionalismus, freie Märkte, Menschenrechte, Freiheit, Trennung von Kirche und Staat, Demokratie, Gleichberechtigung der Geschlechter – habe in nichtwestlichen Zivilisationen keinen Widerhall gehabt; im Gegenteil habe die Propagierung dieser Werte eine Reaktivierung der "indigenous values" zur Folge (ibid.: 32; 1993a: 41).

Trotzdem Huntington so die zivilisationären Unterschiede als diejenigen ausmacht, die zukünftig das globale Konfliktgeschehen bestimmen, will er sich nicht ganz blind gegenüber "traditionellen" Konfliktmustern zeigen. So kann er durchaus, durch die Augen eines Nichtwestlers versteht sich, die Kritik an der ökonomischen und politischen Dominanz des Westens gegenüber dem gesamten Rest der Welt nachvollziehen: so zum Beispiel die Instrumentalisierung von nominell internationalen Organisationen wie IMF und UNO zur Erhaltung westlicher Hegemonie und zur Ausbeutung, Enteignung und Fremdherrschaft. Doch der Konflikt der verschiedenen Kulturen – verstanden als "basic values and beliefs" – überwiegt die Differenzen um politische, ökonomische und institutionelle Macht. Daher müsse jegliche Politik an den grundlegenden kulturellen Unterschieden ausgerichtet sein, wenn kulturelle Identität gewahrt bleiben und Konflikte vermieden werden sollen (Huntington 1993a: 39ff,).

An keiner Stelle verrät Huntington, was eigentlich die Werte und Weltbilder der Anderen sind – abgesehen von der Nennung des "Fundamentalismus" und der Ablehnung der universellen individuellen Menschenrechte (Huntington 1993b: 4). Überhaupt sagt Huntington praktisch nichts über die „fremden" Kulturen sondern führt mit der oben genannten vagen eklektizistisch-euphemistischen Definition den "Großen Monolog des Westens mit sich selbst" fort (Ahlers 1998: 29). Nirgendwo macht sich Huntington die Mühe, tatsächlich die Differenzen zwischen den Kulturen zu überprüfen, Gemeinsamkeiten herauszufinden, überhaupt irgend etwas über andere Kulturen als die des Westens zu schreiben, er "verzichtet souverän auf alle Empirie" (Meyer 1997: 69). Vorausgesetzt wird lediglich immer, daß die angeblich westlichen Grundwerte nirgends sonst existierten, so daß eine Verständigung zwischen Westen und Rest nicht möglich ist. Im Gefolge von Carl Schmitt wird so Politik mit Kampf und Verfeindung gleichgesetzt.

Huntingtons Konflikttheorie setzt voraus, daß die Wahrnehmung kultureller Differenzen in einem Schritt zur Ablehnung der fremden Kultur und zu ihrer Feindwerdung führt. So kann er auch postulieren, daß bereits ein "Kalter Krieg" zwischen Islam und dem Westen bestehe und daß "Vertrauen und Freundschaft" zwischen diesen Kulturkreise selten sein würden (Huntington 1996: 332). Letztendlich ist der Kulturkampf für Huntington eine unabwendbare Katastrophe, für die sich der Westen zu rüsten habe. Meyer bezeichnet deshalb diese Ideologie als in "ihrem Ergebnis weit inhumaner, als es die Machtansprüche der Ideologien des auslaufenden Jahrhunderts je waren" (Meyer 1997: 27).

US-INNENPOLITIK: THE DISUNITING OF AMERICA

Als Hintergrund von Huntingtons Konzeptes vom Clash of Civilisations ist nicht eine wie auch immer geartete interzivilisationäre Spannung zu sehen, sondern sie "reflektiert in erster Linie Wahrnehmungsmuster, Wertvorstellungen und Befürchtungen auf diesem [nord-amerikanischen, H.P.] Kontinent" (Bredow 2000: 115). Huntington selber benennt die innenpolitische Herkunft seines Paradigmas, indem er Arthur Schlesingers Warnung vor einem "Disuniting of America", aufgreift. Dieses so beschriebene Auseinanderbrechen einer US-amerikanischen Gesellschaft auf allgemein akzeptierter Wertegrundlage soll in der multikulturalistischen Gesellschaftskonzeption seine Ursachen haben. Huntington schreibt dem Multikulturalismus mit seinen Affirmative Action Programmen und sonstiger Förderung von Gruppenrechten zerstörerische Kräfte zu. Denn: Die bisherigen Einwanderer seien überwiegend aus dem europäischen Kulturkreis gekommen und hätten gut in die US-amerikanische Kultur gepaßt. Doch durch das starke Bevölkerungswachstum beziehungsweise Einwanderung der hispanischen, schwarzen und asiatischen Bevölkerung würden immer mehr Mitglieder der US-amerikanischen Gesellschaft nicht mehr diese europäischen Werte akzeptieren, so daß das Überleben der USA als liberale Demokratie in Frage stehe (Huntington 1993b: 5). Huntingtons Forderung ist dementsprechend: "Wir müssen die Flut der Immigranten eindämmen, weg von der Vorstellung einer multikulturellen Gesellschaft, weg von der Entwestlichung" (Huntington 1996b: 186). Tatsächlich aber liegen die real aufbrechenden Konflikte im Versagen der Kohäsionskräfte des American Creed begründet, das in krisenhaften Entwicklungen des Kapitalismus sein Ideologiehaftes enthüllt. Das Versprechen der US-amerikanischen Ideologie des Selfmademan und

und der farbenblinden Leistungsgesellschaft plus Demokratie, Freiheit, Individualismus und Gleichheit kann immer weniger eingelöst werden. Dieses resultiert zum Beispiel in rassistischen Anti-Immigrationsmaßnahmen, die ökonomisch nützliche (ill-)legale Einwanderung stärker reglementieren und in einer wachsenden Wohlstandsschere, die sich auch in einer Ethnisierung von Armut äußert. Huntington versucht augenscheinlich, den Multikulturalismus als Verursacher der Zerstörung der US-amerikanischen Identität auszumachen. Diese Identität ist die der WASP(M), die sich zum Beispiel in Kalifornien durch Immigration in ihrem Status als legitime hegemoniale Mehrheitsgruppe bedroht sehen.

In unmittelbarem Kontext zu dieser Warnung vor nicht zu verkraftender Einwanderung, steht die von Huntington beschworene Gefahr des Islam. Diese besteht augenscheinlich nicht nur im außenpolitischen Bereich, sondern würde sich durch Einwanderung auch in die instabilen westlichen Gesellschaften hineinschleichen und sie von innen heraus – wie eine Fäulnis – zersetzen. Der Islam scheint am besten faßbar, um Angst und Abwehr gegen Immigration beziehungsweise kulturelle Fremdheit zu stärken.

US-AUSSENPOLITIK: DER ISLAM ALS GLOBALE GEFAHR

Kennan Ferguson erkennt in Huntingtons Paradigmenwechsel eine Adaptierung der Außenpolitik der USA an die veränderte Ordnung nach dem Kalten Krieg wieder. Nachdem das "Reich des Bösen" (Ronald Reagan) in Form der UdSSR verschwunden ist, muß ein anderer Weg "in which the world is mapped and thus controlled" (Ferguson 1996: 173) gefunden werden:

"Like the Clinton administration Huntington constructs a crude map of culture to narrate and chronicle. Conflicts 'are' in themselves; one must merely apply the correct model. Culture, not the defunct theory of ideology, will be the means by which the world will mean. The loci of identity-constituting threats are no longer ideological; now true, significant identification is found in the cultural sphere" (ibid.: 171).

Nach Ferguson zerstört Huntingtons neues Paradigma Kultur als Begriff für plurale, ambivalente und instabile Lebenspraktiken und macht aus ihm eine positivistische deskriptive Kategorie. Dabei wird eine "disturbing complicity between academic and bureaucratic discourses to simplify and flatten culture, to make ethnographic differences serve only as the ideograph of geopolitical mapping" sichtbar (ibid.: 172). Das Paradigma des Kulturkampfes nun ist ein "identitätspolitischer, konservativer Erweckungsgesang" (Ahlers 1998: 34), der die nichtwestlichen Zivilisationen instrumentalisiert, um handfeste Hegemonialpolitik zu betreiben. Wenn immer wieder die angebliche Schwäche des Westens und seine "innere Fäulnis" (Huntington 1996a: 449) beklagt wird, soll damit zur Verteidigung der bestehenden überwältigenden westlichen Hegemonie aufgerufen werden.

Dieser "geschichtsphilosophische Katechismus" des Abendlandes (Schneider 1997: 46) verschweigt, daß nicht einfach kulturelle Identitäten Konfliktlinien bilden, sondern es eigentlich um die ökonomischen Differenzen zwischen Peripherie und Zentrum geht – diese zu legitimieren, ist der außenpolitische Hintergrund der Clash-These. Daneben will Huntington den Islam als neues Andere, das Grenzziehungen erlaubt, etablieren und dabei Geschichte als die von Kampf und Konflikt verstanden wissen: "Muslim wars have replaced the cold war as the principal form of international conflict" (Huntington 2001/2002: 8).

Da das "Spiel" der internationalen Beziehungen nicht länger eine westliche Domäne sei (Huntington 1993a: 48), müsse man sich für die zukünftigen interzivilisatorischen Konflikte rüsten. Ohne natürlich solche Konflikte vor allem zwischen dem Westen und "Islamic-Confucian states" fördern zu wollen, fordert Huntington eine für den Westen überlebensnotwendige verstärkte innerzivilisatorische Zusammenarbeit mit den verwandten lateinamerikanischen, osteuropäischen russischen und japanischen Kulturen. Trotz dieser Bemühungen um den Erhalt westlicher Hegemonie sei zu erwarten, daß die Macht der nichtwestlichen Zivilisationen relativ zu der des Westens steigen werde, da sie sich modernisierten, ohne aber westliche Werte anzunehmen. Daraus resultiere, daß "der Westen [.] mit der Verminderung seiner ökonomischen und militärischen Macht aufhören [muß], um seine Interessen im Verhältnis zu diesen Zivilisationen zu schützen" (Huntington 1996a: 49). Darüber hinaus spricht Huntington aber auch von einem notwendigen besseren Verständnis dieser fremden Zivilisationen, "to identify elements of commonality between Western and other civilisations". Zwar werde es keine universelle Zivilisation geben, doch alle Zivilisationen müßten lernen, eine Koexistenz einzugehen, wozu aber gegenseitige Kenntnis und Verständnis notwendig seien (ibid.: 48f.). Zuvor jedoch müsse der Westen seine globale Dominanz sichern, um dann, wenn Osteuropa und der amerikanische Hinterhof Mexiko unter die Fittiche der jeweiligen großen Nachbarn genommen und quasi missionarisch verwestlicht wurden, gefahrlos unter laborähnlichen Umständen Wissen zu gewinnen. Hier wird deutlich, welche Wichtigkeit der Komplex aus Bedeutungszuschreibung-Macht-Wissen in Huntingtons und, wie wir später sehen werden, auch in Bassam Tibis Theoriepolitik spielt.

Während die angeblichen Demokratiedefizite in manchen Kulturkreisen reparabel zu sein scheinen, bildet vor allem der Islam die große Gefahr des post-ideologischen Zeitalters: "Die Grenzen des Islam sind in der Tat blutig und das Innere ist es ebenfalls" (Huntington 1996a: 420). Und es ist dieser Islam, der, zusammen mit der konfuzianischen Zivilisation, in Folge der organisch bedingten Ermüdungserscheinung des Westens expandiert. Dank seiner Dekadenz sei der Westen "weit offen für ‚barbarische Eindringlinge', die aus anderen jüngeren, kraftvolleren Zivilisationen kommen" (ibid.: 499). Auch schreibt er die angeblich uralte kriegerische Beziehung zwischen Westen und Islam fort und ersieht aus den selbst von ihm erkannten ökonomisch-geopolitisch motivierten Konflikten zwischen den USA und zum Beispiel dem Irak eine Fortsetzung der "military interaction between the West and Islam [which] is unlikely to decline". Schließlich seien sowohl in die meisten ethnischen Konflikte Muslims involviert, wie auch in eine überproportional große Anzahl von terroristischen Attentaten (Huntington 1993a: 31f.; auch Huntington 2001/02: 8).

Der Islam ist alles das nicht, was der Westen ist. In neo-orientalistischer Manier wird er als anti-aufklärerisch, anti-modern und anti-zivilgesellschaftlich dargestellt. Durch das Bild einer islamischen Zivilisation wachsen die heterogenen Angehörigen des islamischen Glaubens und ihre Kulturgemeinschaften unter westlichem Blick zu einem neo-orientalischen und despotischen Monolith zusammen. Huntington gehört zu der "new generation of orientalists [which] was uncomfortable with its predecessors' claim that Islam promoted political submission – though it shared the latters' conviction that Islam was incompatible with democracy" (Sadowski 1997: 37): Um sich des absoluten und aggressiven Herrschaftsanspruchs, der mit essentieller Demokratieunfähigkeit verbunden ist, zu erwehren, müsse auch der Westen bereit sein, sich mit Waffengewalt zu verteidigen: "Culture is to die for" (Huntington 1993b: 193). So wird der Islam in Huntingtons Theoriepolitik zum "Urgrund der Aggressivität nah-östlicher Gesellschaften" (Schulze 1991: 6) und damit zur Erklärung der eigenen westlichen Aggressivität. In diesen Konflikten seien "Doppelstandards" aufgrund des "kin-country-syndrome" unvermeidlich, so Huntington, und erklärt das tatenlose Zusehen von EU oder USA während der Greueltaten von Kroaten an bosnischen Muslims und das Eingreifen des Westens, als es darum ging, das westliche Kroatien gegen das slawisch-orthodoxe Serbien zu verteidigen (Huntington 1993a: 36f.) Die interessegeleitete Andersbehandlung von geopolitischen Gegnern wird von Huntington in eine Art von natürlichen Ethnozentrismus naturalisiert.

ZUSAMMENFASSUNG

Huntingtons Vorstellung vom Clash of Civilisations schreibt kultureller Zugehörigkeit einen dominanten Erklärungswert für globale politische Entwicklungen zu. Die vordergründige Evidenz für das neue Paradigma gewinnt Huntington aus der machtbegrifflichen Neubelebung von "Kultur" als Bestimmungsfaktor politischen Handelns. Huntington ist somit als ein Vertreter eines Neorealismus zu bezeichnen, der nach dem Sieg über den Sowjet-Kommunismus und dem Ende von Fukuyamas Träumereien vom "Ende der Geschichte" (Fukuyama 1992) wieder pragmatische Krisen- und Problembewältigung anstrebt. Aber Huntington steht gewiß nicht alleine auf der identitätspolitischen Bühne. Eine konzeptionell vergleichbare Theorie wird auch von eurozentrischen Politikwissenschaftlern verteidigt. So werden die geopolitischen Trennlinien Europas entlang der Grenzen des Schismas von 1054 propagiert (Foucher 1991: 519ff.) oder ein Ende des hinderlichen traditionellen europäischen Nationalismus gefordert, damit Europa als Konkurrent der USA agieren könne. Um das zu erreichen, solle Europa sich als Kulturfamilie auf der Basis von "Roman law, Judeo-Christian ethics, Renaissance, Humanism, individualism and Enlightenment [...] and, above all, traditions of civil rights and democracy" definieren, so daß ein "Pan-europäischer Nationalismus" entstehen könne (Smith 1991: 174). Huntington zeichnet mit dem Postulat des Kampfes des Westens gegen den Rest ein dichotomisches Weltbild, "das ein Ergebnis von kulturalistischem Rassismus ist" (Caglar 1997: 32). Mit der Essentialisierung und Naturalisierung von kultureller Zugehörigkeit, die Huntingtons Analyse bestimmt, taucht genau das auf, was im obigen Abschnitt als Neorassismus definiert wurde. So wird die Natur des Menschen wieder zu einem Schlüssel zur Erklärung der Weltgeschichte – ein "Rückschritt" ins 19. Jahrhundert, in dem das Diktum "All is race. There is no other truth" Benjamin Disraelis (zitiert nach: Poliakov 1979: 91) galt.

Polarisierungsthesen à la Huntington, die einen Kulturkampf heraufbeschwören und Ängste vor Fremdheit für eine hegemoniale Außenpolitik zu nutzen wissen, ordnen die Wahrheit der Macht und dem Wunsch nach Dominierung unter (Holton 2000: 145). So ist Huntingtons Vision des Kampfes des Westens gegen den Rest auch Teil eines Anti-Immigrationsdiskurses: "Kann Europa, können die USA sich der Migrantenflut entgegenstemmen?". Er verbindet Migration mit Islamisierung, also mit dem Bruch der Hegemonialstellung der westlichen Kultur auf ihrem "ureigensten" Territorium (Huntington 1996a: 326f.). Die als äußere Feinde des Westens ausgemachten Zivilisationen beziehungsweise ihre Angehörigen finden sich in Form von durch Migration entstandenen ethnischen Minderheiten in den USA und Europa wieder – sie sind gleichsam der innere Feind.

Das Paradigma vom Zivilisationskampf hat alle Aussicht, die Wirklichkeit zu prägen, und zwar auch dann, wenn sein sachlicher Kern ganz unwahr ist. Zumindest konnte Huntingtons seine Thesen im Herzen des politischen Einflußgefüges der USA lancieren und sich, nach eigenem Bekunden, in der Zustimmung von Politikern wie Jacques Delors sonnen (Huntington 1993b: 8). Anscheinend stieß sein Clash of Civilisations als Legitimationstheorie der Festung Europa, der strikten US-Migrationspolitik oder der durch USA und EU vertretenen globalen oder regionalen Hegemonialansprüche auf erfreute Ohren. Huntingtons neues Paradigma weist alle Züge einer Ideologie auf: Es greift sich nach Maßgabe eigener Interessen einige Fakten heraus, reduziert soziale Verhaltensweisen auf kulturell Essentielles und läßt alles beiseite, was in dieses Bild nicht paßt; zum Beispiel die ökonomische Schere zwischen dem Westen und dem Rest der Welt. So gerät es dann zur Legitimationstheorie von Vormachts- und Herrschaftsinteressen

Für Huntington ist die gesamte restliche Welt eine illiberale Bedrohung der eigenen westlichen Zivilisation. Da die eigene Zivilisation und ihre Werte ebenso ethno-kulturell begründet sind wie die der anderen, ist für Huntington der Westen, seine Moderne und seine Aufklärung, nicht mehr Synonym oder Metapher für ein

Universalität beanspruchendes politisches Prinzip, sondern eine bedrohte partikulare Lebensform. Mit der Ethnisierung des Westens beansprucht Huntington bestimmte, bislang als universell geltende Werte allein für den Westen und bescheinigt anderen Kulturen Unfähigkeit zu ihrem Verständnis. Diese anti-universelle Konzeption von Moral, Ethik und Vernunft ist schiere neorealistische Politiktheorie, die es erlaubt, sich bei militärischen oder politischen Auseinandersetzungen mit anderen Kulturen über einst als universell, nun aber nur noch auf den Westen anzuwendenden Werte, hinwegzusetzen. So kann das individuelle Menschenrecht nicht mehr von nichtwestlichen Gesellschaften in Anspruch genommen werden. Da überrascht es nicht, wenn Huntington abschließend fordert, daß nicht etwa die Ausbreitung der Menschenrechte die Aufgabe des Westens ist – eine Unmöglichkeit, da genuin westlich – sondern "die einzigartigen Qualitäten der westlichen Kultur zu erhalten, zu schützen und zu erneuern: Weil sie das mächtigste Land des Westens sind, fällt diese Aufgabe überwiegend den USA zu" (Huntington 1996: 513). Europa hat in Huntingtons Einteilung der Welt in Kulturen keinen Platz, allenfalls ist Europa das Elternhaus der westlichen Kultur, "in dem man sich selbstverständlich bewegt und ab und zu nach dem Rechten sehen muß" (Niethammer 2000: 525).

So ist der Clash of Civilisations auch und vor allem der Legitimationsdiskurs einer strikten Immigrationspolitik, die es sich vorgeblich zur Aufgabe macht, die bestehenden interkulturellen Spannungen auf der weltpolitischen Bühne nicht durch Einwanderung in die eigene Kultur hineingelangen zu lassen.

Was ist Neorassismus?

Die vorhergehende Darstellung des Diskurses der Neuen Rechten, seines Bezugs auf kulturrelativistische Theorien und die Kontextualisierung mit dem Clash of Civilisations diente dazu, die Herkunft des Neorassismus darzustellen. Um in der Analyse der Leitkulturdebatte feststellen zu können, ob sie tatsächliche neorassistische Züge aufweist, sollen nun die nach Taguieff für den Neorassismus charakteristischen Operationen auch im Vergleich zum universalistischen und superioren Rassismus dargestellt werden, um anschließend auf die untrennbare Verbundenheit des Neorassismus und Immigration hinzuweisen: "The new racism is a racism of the era of ‚decolonisation', of the reversal of population movements between the old colonies and the old metropolises" (Balibar 1991: 21) und somit eine Adaption der rassistischen Ausschließungslegitimation an aktuelle Bedürfnisse.

Taguieff macht folgende Operation des Neorassismus aus:
1. Verschiebung von Rasse zur Kultur und die korrelative Substitution der rassischen Reinheit durch eine authentische kulturelle Identität.
2. Verschiebung von der Ungleichheit zur Differenz. Die Verachtung anderer wird zu einer Phobie vor der Mischung.
3. Stärkerer Bezug auf heterophile Aussagen als auf hetereophobe; zum Beispiel auf das Recht auf Differenz.
4. Funktionsweise in Unterschwelligem, Implizitem, nur Konnotiertem und Vorausgesetzten (Taguieff 1991: 243).

Meiner Ansicht nach kommt als ein Kennzeichen neorassistischer Theorie der "Tabubruch", also die unter Ablehnung von "Political Correctness" gemachten Aussagen, die ein angeblich meinungsbeherrschendes Denkverbot brechen. Durch die "Ehrlichkeit" und den "Mut" des Tabubrechers wird die Kraft einer Äußerung gegenüber als etabliert empfundenen Aussagen noch aufgewertet.

Kultur wird naturalisiert, als wären Kulturen und die Zugehörigkeit der einzelnen Menschen zu ihnen so definitiv und so unverbrüchlich wie die Zugehörigkeit von Lebewesen zu ihren biologischen Gattungen und Arten. Die zentrale Operation des Neorassismus als "racism without races" (Balibar 1991: 21) ist, daß er sich nicht mehr des biologischen Diskurses bedient, sondern die Einteilung von Menschen in tendenziell unüberschreitbare Gruppen und ihre anschließende Hierarchisierung genausogut anhand einer ontologischen Kultur vornehmen kann.

Kulturen verfallen der Dekadenz, wenn sie ihre originale Identität nicht bewahren. Da Kultur ebensogut wie Natur essentialisiert werden kann, kann der rassistischen Idee Vorschub geleistet werden, daß, wenn schon nicht das "Mischen von Rassen", zumindest das "mixing of cultures and the suppression of ‚cultural distances' would correspond to the intellectual death of humanity" (ibid.: 22).

Beim "klassischen" Rassismus erfolgt ein Ungleichheitspostulat, das Diskriminierung, Vernichtung, Isolation etc. dieser "ungleichen" und ungleichwertigen Gruppe rechtfertigt. Der Neorassismus legitimiert die gleiche Ausschließungspraxen, doch kann dies ohne die offene Postulierung von Ungleichheit passieren, indem die kulturelle Identität sowohl der eigenen als auch der anderen Gruppe sakralisiert wird und zur Reinhaltung von fremdkulturellen Einflüssen geschützt werden muß. Das Recht auf Differenz und die Liebe dazu, eine Perversion des antikolonialistischen Impetus des Rechts auf eigenständige kulturelle Entwicklung und Geschichte in Lévi-Strauss' Kulturrelativismus, scheint Selbstbestimmung zu fordern, will aber nur die Festschreibung der durch vorangegangene rassistische Praxis produzierten Rollenfestlegung und Grenzziehung. Aus der Ablehnung des Kontakts und der Mischung aus Verachtung des unterlegenen Anderen wird eine Phobie vor der "kulturellen Mischung" – sowohl im individuellen Bereich als auch im gesellschaftlichen – die im Untergang des Eigenen resultieren würde. Diese Phobie ist gepaart mit der Liebe zur Andersartigkeit des Anderen.

Sowohl die Verteidigung der kulturellen Identität wie auch das Recht auf Differenz sind Legitimationsdiskurse für Ausschluß und Apartheid; beide kristallisieren sich in einem Anti-Immigrationsdiskurs, der Angst vor kultureller Hybridisierung schürt, die als Genozid oder langfristig als Ethnozid wahrgenommen wird. Die Wahnidee der Mischung sieht Taguieff als die "mehr oder weniger verschleierte affektiv-imaginäre Grundlage innerhalb des öffentlichen Diskurses" des Rassismus (Taguieff 1991: 248), der eben wegen seines affektiven Gehalts so erfolgreich ist.

Während aus der Mischung von Kulturen Ethnozid folgert, resultiert aus engem Kontakt verschiedener Kulturen Konflikt. Die Differenzen zwischen Kulturen ermöglichen kein friedvolles Zusammenleben, so daß Separation notwendig wird. Das Konfliktpotential wird im allgemeinen daraus geschlossen, daß kulturelle Differenzen auf der "menschlichen Natur beruhen oder tief in der Geschichte verwurzelt sind" (Castles 1991: 141). Das im Neorassismus

> "dominant theme [is] not biological heredity but the insurmountability of cultural differences, a racism which at first sight, does not postulate the superiority of certain groups [...] but 'only' the harmfulness of abolishing frontiers, the incompatibility of life-styles and traditions" (Balibar 1991: 21).

Die Thesen von Identitätsverlust durch kulturelle "Vermischung" sind nicht zu trennen von oben genannter Migration aus der Peripherie der ehemaligen Kolonien und bedeutet im Zusammenhang mit der Dekadenzthese letztlich die Aussperrung von aus bestimmten, als Kulturkreise definierter Regionen stammenden Menschen.

Neorassismus ist dadurch gekennzeichnet, daß Differenzen zwischen Kulturen sakralisiert werden und der Originalität von Kulturen höchster Wert zugesprochen wird. Diese Liebe zur Andersartigkeit resultiert unter anderem aus der kulturrelativistischen Annahme, daß die "sozi-kulturellen Eigenheiten der Völker [...] als Motor des Fortschritts und damit letztlich dem biologischen Überleben der Menschheit dienen" (Weber 1997: 42). Dieser Heterophilie wohnt auch ein kritikloses "Genießen" des exotischen Unterschieds aus der Ferne inne, da aufgrund des angeblichen Mangels universaler Beurteilungskriterien keine Kritik oder Bewertung von anderen Kulturen möglich ist – auch hier ist eine eklektizistische Übernahme und Absolutierung von Lévi-Strauss' Postulat des ethnozentristischen Beobachters, der aufgrund seiner Position nicht bewerten kann, zu finden[22]. Diese Art von Heterophilie ist ebenso rassistisch wie Heterophobie[23], denn sie „fixiert den Anderen auf bestimmte Lebensformen und Verhaltensweisen [...]. Verhalten sich EinwandererInnen dann nicht dem idealisierten Stereotyp entsprechend, werden sie als angepaßt kritisiert" (Kalpaka und Räthzel 1990: 41), haben also ihre Pflicht zur Differenz verletzt.

Taguieff bezeichnet den Neorassismus als symbolischen (Taguieff 1991: 250) oder indirekten Rassismus, der sich äußert, ohne deklariert oder durch Rassetheorien wie zum Beispiel im NS-Staat oder im Südafrika der Apartheid institutionali-

---

[22] Das wird deutlich an einer Bemerkung Lévi-Strauss' über die Unmöglichkeit der Anwendung "kulturfremder" Geschichtskonzeptionen: "Für ihn [den Beobachter] hat es den Anschein, daß nur bei ihm etwas passiert, daß einzig seine Zivilisation das Privileg auf eine Geschichte innehat, indem sie stetig ein Freignis auf das andere häuft. Für ihn gibt es nur diese Geschichte, die einen Sinn bietet. In allen anderen Fällen, glaubt er, existiert keine Geschichte; oder wenigstens tritt sie auf der Stelle" (1972: 31).

[23] Heterophobie ist ein von Memmi vorgeschlagener Begriff für Rassismus, wenn sich dieser nicht explizit auf biologische Unterschiede und deren rassistische Wendung bezieht (Memmi 1987: 121ff.). Diese Begriffsersetzung ist verharmlosend, da sie Xenophobie als Angst vor dem Fremden und die Angst vor dem Anderen in begriffliche Nähe rückt. Xenophobie aber ist nicht gleichbedeutend mit rassistischen Praxen, die zum Erhalt von Privilegien etc. des Mächtigen führen.

siert zu werden (ibid.: 243). Es wird kein offener Rassismus betrieben, doch alle Äußerungen über die Gefährdung der eigenen Kultur haben ein enormes Konnotations- und Suggestionspotential. Die eigene Kultur kann sich zwischen der Hochkultur eines Goethe und den Klischees von Sauberkeit und Ordnung bewegen.
Neorassismus unterscheidet sich in seiner Funktionalität prinzipiell nicht vom "herkömmlichen" Rassismus, doch seine Operationsweise ist eine andere. Man mag also einwenden, daß die Unterteilung von Rassismus in einen biologisch und in einen kulturell argumentierenden nicht sinnvoll ist, da beide letztlich Soziales biologisieren, das heißt als unabänderlich darstellen. Das ist richtig, doch würde so die Erkenntnis erschwert, daß ein kulturalistisch argumentierender Rassismus der veränderten Gesamtsituation nach dem Zweiten Weltkrieg Rechnung trägt: Nationalismus und Globalisierung, Diskreditierung der NS-Rassenideologie und vor allem Entkolonisierung und die damit verbundene Umkehrung der Migrationsbewegung in die "Mutterländer" Diese Umkehrung und die damit verbundene zunehmend schwieriger aufrechtzuerhaltende Fiktion des kulturell-ethnisch homogenen Nationalvolkes sind denn auch Dreh- und Angelpunkt des Neorassismus. Die Migrationsbewegungen und die Dekolonisation suggerieren vor allem, daß die eigene westliche Überlegenheit zugunsten des Gefühls der Bedrohung und der Konkurrenz durch die MigrantInnen schwindet: "They threaten us with their presence, numbers, culture, and behaviour, and, thus threaten our territory, cultural identity, safety, well-being, and material interests", so van Dijk in einer Untersuchung über das "prejudiced talk" in Kalifornien und den Niederlanden (van Dijk 1987: 220). Dies läßt sich auch in den Reaktionen auf den 11. September 2001 ablesen, die vor allem den Aspekt der physischen Gefährdung in den Vordergrund der Diskussionen um Einwanderung und Integration rückten. Denn plötzlich wurden aus allen "unauffälligen" Männern mit "arabischem Aussehen" potentielle "Schläfer" und der Kreis der Gefährdenden erweiterte sich vom stereotypisierten arbeitslosen, staatliche Unterstützung ausnutzenden "Asylanten" um diejenigen, die bis dato über Arbeitsmarkt, Studium oder ethnisches Kleingewerbe als integriert galten.
Neorassismus hat die Aufgabe, die vorgestellte nationale Kulturgemeinschaft zu stabilisieren. Dies tut er nicht mehr mittels der diskreditierten Rasse oder des völkischen Gemeinschaft, sondern mit dem modischen Begriff der kulturellen Identi-

tät beziehungsweise des Rechts auf Differenz. Eine moderne Gesellschaft, die zumindest ökonomisch und telekommunikativ globalisiert ist und deren Ökonomie Migration erfordert, deren sich über eine Nation definierender Staat immer mehr Kompetenzen abgibt, läßt sich über den engen Begriff der Nation nicht mehr als gemeinschaftliches Gefüge erhalten. Die Ideologie des Neorassismus umfaßt die Verschmelzung von Politik und Kultur, das Verschwinden von Strukturmerkmalen wie Ökonomie und Herrschaft aus dem Politischen und mündet in einer "Geokulturalisierung von Politik mit einer Politisierung des Geokulturellen" (Ahlers 1997b: 80). Dies macht sich in einem segregatistischen Diskurs, der sich gegen Immigration, Multikulturalismus, Gleichberechtigung und eine zu enge Zusammenarbeit mit fremden Kulturen richtet, bemerkbar. Dies geschieht immer unter Berufung auf das Recht auf Differenz. Die neorassistische Ideologie bietet darüber hinaus eine pseudowissenschaftliche Erklärung für Ausgrenzungs- und Diskriminierungspraktiken, ohne als rassistisch im herkömmlichen Sinne zu erscheinen. Diese Erklärung wird zusätzlich noch mit der Naturalisierung rassistischer Verhaltensweisen gestärkt, weil "the abolition of that difference will necessarily give rise to defensive reactions, ‚interethnic' conflicts and a general rise in aggressiveness. Such reactions, we are told, are ‚natural', but they are also dangerous" (Balibar 1991: 22). So wird den sich zweifelsfrei entlang "ethnischer" Linien manifestierenden Konflikten zwischen sozioökonomisch verschiedenen Gruppen die konstruierte Dimension genommen und als naturgegeben und als unausweichlich dargestellt. Dies tritt zum Beispiel dann offen zutage, wenn über die Überschreitung von Toleranzschwellen gesprochen wird, wenn also MigrantInnen in ihrer Anzahl und ihrem Verhalten die "autochthone" Bevölkerung so sehr "überfordern", daß diese gar nicht mehr anders kann, als Asylbewerberunterkünfte anzuzünden.

Die Annahme von der Unvereinbarkeit der fremden Kultur mit der eigenen "Mehrheitskultur" resultiert in zwei Alternativen: Entweder eine Ausweisung der Anderen, damit die kulturelle Homogenität wiederhergestellt wird oder Verwehrung von bürgerlichen Rechten und Pflichten der Einwanderer-Communities durch ihre Rückstufung auf den Status von Gastarbeitern. Letzteres hätte zur Folge, daß nur die arbeitsfähigen MigrantInnen verbleiben würden, die sozialen Verantwortungen der Gesellschaft den MigrantInnen gegenüber auf ein Minimum zurückgefahren werden könnten und eine Ghettoisierung wie zu Anfang der Anwerbung ausländischer Arbeiter in den 50er Jahren entstünde.

II. DIE LEITKULTURDEBATTE

In diesem Abschnitt sollen die wichtigsten Momente der Leitkulturdebatte, dieser nach CDU-Generalsekretär Laurenz Meyer "echten Wertedebatte" (Meyer 2001), dargestellt und mit Hilfe des erarbeiteten Verständnisses von Rassismus, Neorassismus und Neuer Rechter analysiert werden. Es wird dabei folgendermaßen vorgegangen: Nachdem die Konzeption des Begriffs Leitkultur im Sinne seines Schöpfers Bassam Tibi vorgestellt wurde, werden die verschiedenen inhaltlichen Phasen der Leitkulturdebatte dargestellt. Es werden verschiedene Varianten des Begriffs der Leitkultur aufgezeigt, die von einer völkischen Auslegung, über Anleihen beim Verfassungspatriotismus bis zur offen sich beim differentialistischen Rassismus bedienenden Spielart reichen. In diese Analyse gehört als Schlußpunkt auch die Untersuchung des Ergebnisses der Leitkulturdebatte auf Seiten der CDU: Das Papier der CDU-Kommission zur Einwanderungspolitik wird auf die Verwendung des Begriffs Kultur und die damit verbundenen Anforderungen an MigrantInnen zur Integration in die bundesdeutsche Gesellschaft hin untersucht. Im Abschluß wird das in der Debatte enthaltene Moment der Vergangenheitsverdrängung durch die offensive Postulierung einer deutschen Identität im europäischen Rahmen dargestellt: sozusagen eine "Schlußstrichdebatte" mit anderen Mitteln. Die CDU-Kampagnen gegen die doppelte Staatsbürgerschaft (Landtagswahlen Hessen 1999) oder der völkische "Kinder statt Inder"-Slogan (Landtagswahlen Nordrhein-Westfalen 2000) bleiben in der Darstellung und Analyse der Leitkulturdebatte aus Platzgründen unberücksichtigt, obwohl sie ebenso die Frage nach deutscher Identität stellten und die Sorge über ein "demographische Ende" des deutschen Volkes in Zusammenhang mit den Problemen des Rentenversicherungssystems und ökonomischer Zukunftsfähigkeit der BRD thematisierten. Da Leitkultur ein positiv fast ausschließlich von CDU und CSU genutzter Begriff ist, wird die Position anderer Parteien nur am Rande gestreift. Das soll aber nicht bedeuten, daß die Debatte um nationale Identität nicht sehr wohl auch Stellungnahmen von anderen Parteien oder gesellschaftlichen Gruppen zu dieser Thematik nach sich gezogen hätte; im Gegenteil läßt sich wohl behaupten, daß es der Konservativen mit der Thematisierung von nationaler Identität gelungen ist, diese Thematik zu einer Art Pflichtprogramm auch nichtkonservativer Politiker und Intellektueller zu machen.

FÜR EINE EUROPÄISCHE LEITKULTUR: BASSAM TIBI

Der Politologe Bassam Tibi ist der Schöpfer des Begriffs einer Allgemeingültigkeit beanspruchenden Leitkultur. Allerdings konzeptionalisierte er sie in einem europäischen Kontext und lehnt eine "deutsche Leitkultur" ab[24]. Tibi setzt sich vor allem seit seiner vehementen Apologetik des Ersten Golfkrieges 1991 mit den Konsequenzen der Migration muslimischer Menschen nach Westeuropa auseinander und warnt vor den Gefahren eines "islamischen Fundamentalismus", der mit ihnen Einzug in Europa halte. Seine Forderung nach einem integrativen Euro-Islam, der mit seinen "autoritären und despotischen" (Tibi 1995: 39) Wurzeln brechen müsse, ist Resultat dieser Überlegungen. Wenn es nicht gelinge, MigrantInnen in eine europäische Wertegemeinschaft zu integrieren, werde der "Krieg der Zivilisationen" in die EU hineingetragen (Tibi 1995: 39). Da Tibi als der intellektuelle Fähnchenhalter der Leitkulturdiskussion gilt, wird im folgenden sein Verständnis von Leitkultur dargestellt.

WAS IST LEITKULTUR?

Tibi hatte 1998 den Begriff einer europäischen Leitkultur zum ersten Mal benutzt, um damit nach eigenem Bekunden eine Diskussion um die angeblich tabuisierten Themen "Zuwanderung, Mißbrauch von Asyl und Voraussetzungen für Integration" in der Bundesrepublik zu ermöglichen (Tibi 2001a: 24f. und 2001b). Sein bekundetes Ziel ist es, eine europäische Leitkultur für Deutschland aus der Werte- und Normengemeinschaft der Aufklärung heraus zu konstruieren, die als Leitfaden für integrationswillige MigrantInnen in der BRD dienen können solle. Zu dieser

---

[24] "Leider ist der Begriff der Leitkultur mißbraucht worden, indem er so gedeutet wurde, als sollte Immigranten eine völkische Sicht aufgezwungen werden. Jeder, der mein Buch gelesen hat, weiß, daß ich von einer europäischen Leitkultur spreche, und damit sind auch europäische Werte gemeint" (Tibi 2002).

ser neuen deutschen Identität im europäischen Rahmen müßten sich natürlich auch "die Deutschen" bekennen und damit ihre Bereitschaft zur Integration von Mitgliedern anderer Kulturen zeigen. Hauptbestandteil einer europäischen Leitkultur soll nach Tibi eine politische Betrachtung des Menschen als Citoyen sein, was im deutschen Falle vor allem ein Bekenntnis zum Grundgesetz – und damit widersprüchlicherweise wohl auch zum völkisch definierten deutschen Staatsbürgerschaftsrecht – zur Folge habe. Deswegen soll der Begriff Leitkultur nach Tibi die zivilisatorische Identität einer Gesellschaft, und nicht eine "ethnische Identität", beschreiben, da eine solche nicht erwerbbar sei. Ein Deutscher könne nämlich kein Araber werden, weil sowohl deutsche als auch arabische Identität "ethnisch" bestimmt seien. Hingegen könne man "als Araber, wenn die Definition des Begriffes ‚deutsch' ‚entethnisiert' wird, in der Bestimmung als Wahldeutscher ein Verfassungspatriot werden" (ibid.: 23). Voraussetzung für die Schaffung dieser neuen kulturellen Identität ist für Tibi also deren Definition als erwerbbar, erlernbar und damit auch als nachweisbar. "Ethnische Identitäten" bezeichnet Tibi als statisch, nicht erwerbbar und damit angeboren – so könne ein "Muslim nicht Europäer werden, ohne Grundsätzliches zu ändern" (Tibi 1998: 265). Glaubt Tibi selber an diese Möglichkeit der Änderung einer kulturellen Prägung?

"Ein orientalischer Muslim kann nicht Europäer werden, ohne Grundsätzliches an seinen Normen und Werten sowie seiner kulturell vermittelten Weltsicht aufzugeben [...]. Individuelle Fälle einmal ausgenommen, kann es zwischen den Zivilisationen keine Mobilität geben" (Tibi 1995: 48).

Zwar sieht sich Tibi selber als einen dieser Fälle, doch generell könnten die Trennlinien bestenfalls im Dialog entschärft, nicht aber behoben werden (ibid.). Schon hier wird klar, daß, wenn Grundsätzliches geändert werden muß, kulturelle Identitäten nicht überschreitbar sind. Dies wird für Tibis später dargestellte kulturelle Konfliktszenarien noch von Bedeutung sein.
Die allgemeine Akzeptanz einer für alle innerhalb einer Gesellschaft zusammenlebenden Individuen gültigen Leitkultur muß nach Tibi nicht auf eine Assimilation von MigrantInnen hinauslaufen. Vielmehr impliziere sie Toleranz für kulturelle Vielfalt bei Anerkennung der allgemeinen, Dialogfähigkeit und Teilhabe an Gemeinsamkeiten garantierenden, aus verbindlichen Werten und Normen bestehen-

den Leitkultur (ibid.: 86) Diese Gesellschaft propagiert Tibi als eine des "kulturellen Pluralismus" und wendet sich vehement gegen das Konzept der multikulturellen Gesellschaft, der eine "Gesinnung des schlechten Gewissens" seitens ihrer sich der europäischen kolonialen Politik schämenden Verfechter unterliege (Tibi 1998: 49).

Leitkultur sei immer an "die Richtschnur demokratischer Werte" gebunden (Tibi: 2001b). Die gesellschaftliche Integration von MigrantInnen sei ohne diese Leitkultur nicht möglich: "Die Integration von uns Einwanderern ist eine große Herausforderung an die deutsche Demokratie, die ohne eine Leitkultur, die die Richtlinien des Zusammenlebens bestimmt, nicht gelingen kann" (ibid.). Dort, wo es keine Leitkultur gibt, regiere Wertelosigkeit in einer identitätslosen Gesellschaft (Tibi 1998: 92). Dieser Mangel an integrativen Werten könne zu kriegerischen Akten wie dem vom 11. September 2001 auf das World Trade Center in New York führen, denn Integration bedeute mehr als nur Spracherwerb:

> "Vergessen wir [.] nicht, daß der Ägypter Mohammed Atta aus Hamburg [einer der Attentäter, H.P.] fließend Deutsch sprach. Das Problem ist nicht die Sprache, sondern die Wertebeliebigkeit. Hierin wird die Unfähigkeit der Aufnahmegesellschaft, zu integrieren und Leitbilder zu bieten, deutlich" (Tibi: 2002a).

Indem Tibi seine Warnung vor einem durch Migration entstehenden Multikulturalismus, in dem "Wertebeliebigkeit kulturrelativistisch propagiert" werde (Tibi 2001: 23), mit der Gefahr vor sogenannten fundamentalistischen Terroristen verbindet, werden Leitkultur und kultureller Pluralismus zu regelrechten gesellschaftlichen Friedenskonzepten. Wenn man, wie die "Kulturrelativisten und Multikulturalisten" in ihrer "zivilisatorischen Selbstverleugnung im Namen einer grenzenlosen Toleranz", die Vorstellung hege, daß Angehörige verschiedener Zivilisationen ohne "zentrale Konflikte unter einem Dach leben könnten" (Tibi 1995: 51), zeige man nur "Ahnungslosigkeit gegenüber den absolutistischen Ansprüchen der anderen" (ibid.: 36).

Weil multikulturelles Nebeneinanderleben in "weltanschaulich unversöhnlichen Ghettos" nur Konfliktpotential kreiere, brauche es eine Leitkultur auf dem deutschen "Siedlungsgebiet" (Tibi 2001: 23ff.):

> "Ich befürworte kulturelle Vielfalt, wehre mich aber entschieden gegen Multikulturalität. Hinter diesem Begriff steckt der irrsinnige Glauben, daß kulturelle Gemeinschaften nebeneinander existieren und ihre Werte behalten können, ohne daß dabei Konfliktpotentiale bestehen" (Tibi 2000a).

Tibis Beispiele für von Leitkultur bestimmte kulturpluralistische Gesellschaften sind vor allem die USA und Australien, die ihren Mitgliedern eine gemeinsame (politische) Identität bei Toleranz gegenüber der tradierten kulturellen Identität böten (Tibi 2002a). Daß das Empowerment und das Heraustreten aus der Marginalität der Afro-Amerikaner vor allem durch die "Rückbesinnung" beziehungsweise die Konstruktion eigener kultureller Identitäten wenigstens ansatzweise gelingen konnte und der Erfolg der Bürgerrechtsbewegung nicht viel mit Toleranz oder der bereitwilligen Aufnahme in die politische Gemeinschaft seitens der WASP(M)s zu tun hatte, erwähnt Tibi nicht. Tibis Kritik am Multikulturalismus ist auch insofern erstaunlich, als daß unklar bleibt, gegen welches Konzept von Multikulturalismus er sich eigentlich wendet, denn "welche BefürworterInnen einer multikulturellen Gesellschaft haben die Geltung der Werte des Grundgesetz" (Hentges 2000: 5) jemals angezweifelt? Jürgen Miksch, einer der prominentesten Befürworter einer multikulturalistischen Gesellschaft, setzt es gar als selbstverständlich voraus, daß sich die Einwanderungsminderheit der autochthonen Mehrheit anpaßt (Miksch 1983: 33).

Zusammenfassend ist Leitkultur, nach Tibi, bislang explizit eine erlernbare, auf politischen Grundsätzen beruhende und für alle Mitglieder einer Gesellschaft geltende Verhaltensvorgabe, die kulturelle Vielfalt ermöglichen soll.

WAS IST EUROPÄISCHE LEITKULTUR?

Tibi konzeptionalisiert eine europäische Leitkultur, lehnt aber eine deutsche Leitkultur zunächst immer wieder ab. Zentral für Tibi ist die kulturelle Moderne – wobei er sich auf Jürgen Habermas beruft (Tibi 1992:50 und 2001: 26) – auf deren

Wesen die europäische Leitkultur beruhen und "konsensuell für Deutsche und Migranten als Plattform für ein Miteinander gelten" müsse (Tibi 2001: 26). Die "Identität dieses Kontinents als zivilisatorische Einheit" (Tibi 1995: 98) ist demnach die Basis von Leitkultur. Eine Unterscheidung muß zwischen Tibis Forderung nach einer europäischen Leitkultur im Rahmen der kulturellen Moderne und seiner Vorstellung einer weltumspannenden Moralität zur Sicherung des Friedens zwischen den Kulturen gemacht werden. Tibi koppelt Leitkultur an ein West-Europa der "kulturellen Moderne" und sieht diese Moderne als die für alle Menschen verbindlich geltende Basis eines friedlichen Zusammenlebens im westeuropäischen Kulturraum (Tibi 1998: 28). Er definiert kulturelle Moderne als aus Schlüsselereignissen wie Reformationen, Aufklärung und Französischer Revolution bestehend, in deren Prozeß sich das Prinzip der Subjektivität entwickelt habe. Dieses impliziere die Prinzipien der Individualität – worin auch die Idee der Menschenrechte verankert sei (Tibi 1998: 39) – des Rechts auf Kritik, der Autonomie des Handelns und schließlich der Vernunft, die Reflexion über den Glauben ermögliche (Tibi 1992: 50f und 1998: 34). Folglich sieht seine Vision von europäischer Leitkultur so aus: "Säkulare Demokratie, Menschenrechte, Primat der Vernunft gegenüber jeder Religion, Trennung von Religion und Politik in einer zugleich normativ wie institutionell untermauerten Zivilgesellschaft". Auf diesen Werten aufbauend, sei erstmals ein demokratischer Rechtsstaat in Form des säkularen Nationalstaats entstanden (ibid.: 56).

Da Tibi das "zivilisatorische Projekt Europa" als die fortgeschrittenste Form menschlicher Entwicklung und somit als "den vormodernen Kulturen des Kollektivismus vorzuziehen" ansieht, müsse die kulturelle Moderne mit ihren universellen Werten auch Zuwanderer aus "vormodernen Kulturen" integrieren und zu neuen Europäern machen (Tibi 1998: 39).

Indem die oben als europäische Leitkultur definierten Elemente einer spezifischen Kultur zugeschrieben werden, werden die als emanzipative Universalien erdachten Menschenrechte und Demokratie essentialisiert und zu für andere Kulturkreise "artfremden Ideengut" (Oberndörfer 2001:27) gemacht.

Der Begriff der Moderne ist der Kampfbegriff einer Politikwissenschaft, "which is all diplomatic and military clashes without a hint of the unique dynamics of the economic" (Jameson 2000: 60). Moderne hat als "neuzeitlicher Bewegungsbegriff" (Knobloch 1995: 74) keinerlei analytische Schärfe, aber er macht aus dem

Anderen zwangsläufig den Vormodernen (Caglar 1997: 19). Die Trennung der europäischen Expansion in eine kulturelle und eine machtpolitische Dimension dient dazu, zu verbergen, daß zur Herstellung des Zustands der Moderne Gewalt nötig war – nach innen, wie nach außen. Daß Tibi diese Trennung vornimmt, legt nahe, daß er sehr wohl um die andere Seite der Moderne weiß.

EUROPÄISCHE LEITKULTUR VERSUS DEUTSCHE LEITKULTUR

Augenscheinlich sieht Tibi seine europäische Leitkultur in Verwandtschaft zu einem europäisch gefaßten Verfassungspatriotismus, wie er von Jürgen Habermas (1991 und 1995) formuliert wurde. Dieser lehnte sich in seiner Begriffswahl an den eher auf die deutsche Nation zugeschnittenen Verfassungspatriotismus Dolf Sternbergers an, der darunter Selbstbestimmungsrechte einer demokratisch verfaßten Gesellschaft in Abgrenzung von der Ordnungsidee einer ethnisch oder kulturell verstandenen Schicksalsgemeinschaft versteht. Nach Sternberger ist Patriotismus älter als Nationalismus und mit republikanischem Staat, seiner demokratischen Verfassung und der durch sie garantierten Freiheit unlösbar verbunden. Ein verfassungspolitischer Vaterlandsbegriff spreche nicht von Volk und Land, einzig und allein von "Gesetzen, die mir nicht mehr von meiner Freiheit entziehen, als zum Besten des ganzen Staates nötig ist" (Sternberger 1990: 20f). Verfassungspatriotismus sei aber kein deutsches Phänomen, sondern ein universelles und durchaus geeignet, zum Beispiel sprachlich heterogene Staatsgebilde – wie etwa die Schweiz – und kulturell "bunt gemischte" wie die USA zusammenzuhalten (ibid.: 30). Der Bezug allerdings gerade auf die deutsche Verfassung mit ihrem damals noch ausschließlich nach dem Ius Sanguinis verfaßten Staatsbürgerschaftsrecht ist widersprüchlich. Im Gegensatz dazu hat sich Habermas zumindest anfänglich für einen europäischen Verfassungspatriotismus stark gemacht. Dieser sollte die Basis eines zukünftigen europäischen Bundesstaats sein, in dem "dieselben Rechtsprinzipien aus den Perspektiven verschiedener nationaler Überlieferungen, verschiedener nationaler Geschichten interpretiert" werden könnten. So müsse die demokratische Staatsbürgerschaft nicht in der nationalen Identität eines Volkes verwurzelt sein, sondern verlange nur die Sozialisation aller Staatsbürger in einer gemeinsamen politischen Kultur (Habermas 1991: 16). Dafür bräuchte es allerdings ein grenzüberschreitendes "Bewußtsein der Verpflichtung auf ein europäisches

Gemeinwohl" (ibid.: 18) und ein "neue[s] politische[s] Selbstbewußtsein, das der Rolle Europas in der Welt des 21. Jahrhunderts entspricht" – eines der nichtimperialen Verständigung und des Austauschs mit anderen Kulturen (ibid.: 25). Die Schaffung einer europäischen Staatsbürgerschaft im Sinne eines Verantwortungs- und Verortungsbewußtseins sieht Habermas als einen Schritt hin zum Weltbürgertum, das in "weltweiten politischen Kommunikationen" bereits Gestalt annehme (ibid.: 33). Habermas' Begriff eines europäischen Verfassungspatriotismus ist weiter gefaßt als der von Sternberger, doch, hier ist Sarcinelli zuzustimmen, ist er nicht einfach von persönlichen oder räumlichen Identifikationen abgehoben, da seine republikanische Gesinnung auf den Westen als konkreten Ort mit "politischer Kultur" rekurriert (Sarcinelli 1993: 28). Diese kurze Definition wird für die Diskussion der Leitkulturdebatte hilfreich sein, da sich VertreterInnen von CDU und CSU auf den Verfassungspatriotismus berufen und ihn zunächst auf das deutsche Grundgesetz und erst später auf die europäische Kultur beziehen.

Bassam Tibi nun unterscheidet zwischen "gewachsenen" und "konstruierten" kulturellen Identitäten. Erstere unterteilt er in ethnisch-exklusive und demokratisch-offene Identitäten; die zweite, kulturpluralistische Identität, sei für klassische Einwanderungsländer wie die USA erforderlich. An dieser Einteilung wird auch der Grund für seine Ablehnung einer deutschen Leitkultur deutlich, da zwar sowohl zum Beispiel die französische, angelsächsische und die deutsche Identität gewachsene Identitäten, das "Deutschtum" aber ebenso wie das Arabertum ethnisch-exklusiv seien, also keine Integration von MigrantInnen zuließen. Im Gegensatz dazu seien die französische oder angelsächsische Identität des "Citoyens" demokratisch offen und böten dem Einwanderer nicht nur einen Paß, sondern auch Identität, so daß in einem Zeitalter "massenhafte[r] Migration" diese Art der Identität für Tibi als Modell für die west-europäische Leitkultur herhalten kann (Tibi 2001: 23f.). Eine Nation, die sich auf das ethnische Konzept der "Kulturnation" berufe, wie es im deutschen Identitätsverständnis üblich sei, könne dem Einwanderer keine Identität geben und habe daher einen kulturellen Wandel durchzumachen, wenn eine wirkliche Integration von ImmigrantInnen erwünscht sei. Eine stabile kulturelle Identität ist also kein Selbstzweck, sondern politische Notwendigkeit, um den "Massen" von ImmigrantInnen Herr zu werden. Dazu dienen politische Maßnahmen in Form von Einwanderungsregelungen, die die Integrationsfähigkeit- und Bereitwilligkeit der EinwandererInnen für die Aufnahme in die Einwanderungsgesellschaft und die Selektionskriterien bestimmen: "Bei meinem Konzept von Leitkultur geht es mir [.] darum, eine ‚wildwüchsige' Zuwanderung in eine an den Bedürfnissen des Landes orientierte Einwanderung zu verwandeln und diese Einwanderer im Rahmen einer europäischen Identität zu integrieren" (Tibi 2001: 25).

Tibi befindet aber die deutsche kulturelle Identität nicht nur wegen ihrer ethnischen Ausrichtung als ungeeignet, einen Leitfaden darzustellen, sondern auch aufgrund ihrer "Beschädigung durch den Holocaust" zu instabil und schwach ausgeprägt. So ist ausschließlich das Europäisierte an Deutschland, "jene Teile der deutschen Geschichte, die nur in Einzelfällen Vorbild für ein westlich definiertes Europa bieten" (Tibi 1998: 22 und 44), in eine europäische Leitkultur integrierbar. Mit dieser neugefaßten deutschen Identität im europäischen Rahmen sollen dann MigrantInnen im Zuge ihrer Integration in die deutsche Kultur nicht die "Holocaust-beschädigte Identität" anzunehmen brauchen.

Hinter dieser Forderung steht die revisionistische Suche nach einer Möglichkeit, der "beschädigten" deutschen Identität wieder Leben einzuhauchen. Mit der Annahme der europäischen Leitkultur auch durch "die Deutschen" soll ein Schlußstrich unter die NS-Vergangenheit und deren Kontinuität gezogen werden; die Deutschen sollen nicht mehr wegen ihrer vergangenen Vergangenheit im "Büßergewand" (Tibi 1995: 36 und 1998: 270) gehen. Damit weist Tibi eine unübersehbare inhaltliche Nähe mit neurechten Autoren auf; zum Beispiel geißelt ein Autor der neurechten jungen freiheit und der Münchener neurechten Zeitschrift Criticón die "betont fremdenfreundliche Haltung" der Deutschen als falsch verstandene Sühne für die NS-Verbrechen (Weißmann 1992: 62).

DIE BEDEUTUNG VON LEITKULTUR FÜR INNENPOLITIK UND AUSSENPOLITIK

Warum macht sich Tibi überhaupt Gedanken über die Formulierung einer europäischen Identität? Der Ausgangspunkt liegt in der Dekolonisierung und der Entstehung von neuen souveränen Staaten in der "Dritten Welt". Tibi sieht Europa von dieser nicht-westlichen Welt herausgefordert und mahnt für die "angemessene" Beantwortung der anstehenden Fragen eine Neubestimmung Europas an (Tibi 1998: 48). Das zugrundeliegende Denken ist also von Konflikt und Krieg bestimmt. Was ist diese Herausforderung, wie lauten die Fragen? In den folgenden beiden Zeilen werden die eng miteinander verknüpften innenpolitischen und außenpolitischen Dimensionen der europäischen Leitkultur dargestellt.

Welchen Zweck verfolgt Tibi mit der Postulierung einer für Europa gültigen kulturellen Identität? Eine europäische Leitkultur ist tatsächlich ein innenpolitisches Projekt, so wie Tibi sagt. Sie beschwört und konstruiert ein kulturelles Konfliktszenario, ist aber kaum aus der Sorge um die innenpolitische Notwendigkeit eines friedlichen Zusammenlebens "zwischen Einwanderern und Deutschen" entstanden Leitkultur soll als konsensuale Klammer zwischen MigrantInnen und den Mitgliedern der Aufnahmegesellschaft der Herausbildung sogenannter "Parallelgesellschaften" vorbeugen, die die kulturelle "Balkanisierung einer Gesellschaft" zur Folge hätten. Eine solche Gesellschaft verliere ihre Übersichtlichkeit und wäre aufgrund ihrer kulturellen Zusammensetzung für Tibi nicht mehr politisch steuerbar, da es an einer homogenen politischen Loyalität fehle. Ganz konkret macht Tibi den Islam als Gefährdung für die BRD aus: In einer islamischen Gesellschaft, "das weiß ich als Muslim – herrschen andere Werte. Ein Ziel der Islamisten ist, die Schari'a, die sich zum Grundgesetz wie Feuer zu Wasser verhält, gelten zu lassen" (Tibi 2001: 24ff.). Die BRD ist besonders bedroht, da in ihr eine große Anzahl von türkischstämmigen MigrantInnen lebt. Diese seien durch ihre Religion dazu aufgerufen, den Islam auszudehnen, um seine Vorstellung von Frieden durchzusetzen:

> "Im allgemeinen Verständnis des Islam ist Frieden daher gleichzusetzen mit der Unterwerfung unter den Islam, entweder durch Konversion [...] oder durch Akzeptanz des Status von religiösen Minderheiten unter dem Banner des Islam [...]. Der Weltfrieden wird demnach als das Ende des Krieges betrachtet, nachdem die ganze Menschheit zum Islam konvertiert ist oder sich ihm als geschützte Minderheit unterworfen hat" (Tibi 1995: 203).

Das Banner des demokratieunfähigen Islams (Tibi 1998: 188) werde sich nach Tibi durch Migration – denn MigrantInnen wollten nicht nur am europäischen Wohlstand teilhaben, wie der asiatische Migrant (ibid.: 194), sondern auch ihre vormoderne Kultur leben und ihren Glauben verbreiten (vgl. ibid.: 153) – auch über Europa ausbreiten, wenn ihm nicht mit einer neuen europäischen Selbstgewißheit und einen eindeutigen europäischen Wertekanon Einhalt geboten wird:

"Wenn die Europäer keine Leitkultur haben wollen, dürfen sie nicht übersehen, daß die Immigranten, vor allem die islamischen Immigranten, ihre eigene Leitkultur als Alternative bieten. Das heißt, an Stelle europäischer Werte haben sie islamische Werte, also die Gottesgesetze der Schari'a, und das kann auf eine Islamisierung Europas hinauslaufen" (Tibi 2002a).

Und was diese Islamisierung bedeutet, haben für Tibi die Anschläge vom 11. September verdeutlicht. Deshalb müsse nun eigentlich ganz besonders auf die Stärkung der Leitkultur geachtet werden, doch wieder tritt der masochistische Zug der Europäer auf:

"Das Problem ist jetzt Europa, im Gegensatz zu den USA, denn die US-Amerikaner bekommen seit den Terroranschlägen auf New York und Washington eine viel strengere und stärkere Werteorientierung. In Europa wird der 11. September so gedeutet, als wären die Ereignisse die Schuld des Westens gewesen und nicht der islamischen Terroristen [...]. Der europäischen Deutung zufolge haben wir damit die Rechnung für die Globalisierung bekommen. Dies ist der Ton. Je weiter der 11. September 2001 zurückliegt, desto mehr wird die Gefahr heruntergespielt" (Tibi 2002a).

Da die kulturpluralistische Toleranz zu den europäischen Grundwerten gehört, müsse den muslimischen ImmigrantInnen und ihrem Islamisierungsdrang ein der europäischen Leitkultur angepaßter Euro-Islam angeboten werden, der den Muslims einen Ausbruch aus ihrer kollektivistischen und vormodernen Glaubensgemeinschaft ermögliche (Tibi 1998: 18). Er könne verhindern, daß sich nach orientalischen Vorstellungen lebende Muslime auf ein multikulturalistisch-kulturrelativistisches Recht auf Differenz berufen könnten, das ihnen die Praktizierung ihrer Islamisierungspolitik ermögliche (Tibi 2002a). Um das zu verhindern,

dern, müsse über die Unterschiede zwischen Deutschen und MigrantInnen geredet werden, sonst bereite man "den Weg für bosnische Verhältnisse in Deutschland", woran "wir integrierten Ausländer" kein Interesse haben (Tibi 1997). Weil Toleranz Grenzen habe (Tibi 1998: 189) und "die Deutschen wegen ihrer Vergangenheit das Untolerierbare nicht mehr länger tolerieren dürften" (Tibi 2002b), seien solche Tabubrüche notwendig, damit nicht nur dank "protestantische[r] Schuldgefühle" MigrantInnen eine "Eintrittskarte" nach Europa erhielten (Tibi 1998: 153).

So wie eine allgemein akzeptierte Leitkultur den innenpolitischen Frieden regeln könnte, so würde nach Tibi eine universell akzeptierte Werteuniversalität – eine "Hausordnung" (Tibi 1996: 127) – die friedfertige Koexistenz der verschiedenen Zivilisationen auf Basis eines Minimalkonsenses ermöglichen (Tibi 1992: 18). Sie sei in einem durch die "religiösen Bestimmungen der Zivilisation und darüber hinaus der Politisierung der Religion" geprägten Zeitalter die "einzige Alternative zum Krieg der Zivilisationen" (ibid.: 215f.). Diese Werteuniversalität mit ihrer Forderung nach Anerkennung einer "Einheit in der Vielfalt" sei aber nicht mit einem eurozentristischen Universalismus, der totale Gültigkeit seines Modells für die gesamte Menschheit beansprucht, zu verwechseln (ibid.: 18f. und 1998: 58). Europa brauche diese Moralität, um seinen außenpolitischen Umgang mit der islamischen Welt zu regeln – so ist auch klar, wer die Definitionsmacht über diese Werte besitzt: Zwar müßten sie kulturübergreifend geprägt sein (Tibi 1992: 181), um Konflikte zu vermeiden, doch müßte die Weltmoralität mit der europäischen Leitkultur in Einklang stehen (ibid.: 58) also wenigstens "Demokratie, Menschenrechte, nationalstaatliche Souveränität sowie Pluralismus, Säkularität und religiöse Toleranz" enthalten (Tibi 1992: 18).

Wesentliches Charakteristikum der kulturellen Moderne seien die individuellen Menschenrechte. Die große Aufgabe der westlichen Kulturmoderne ist es nach Tibi, den Angehörigen "vormoderner, um regionale Zivilisationen gruppierter Kulturen aus eigenem Antrieb die Sprache der Menschenrechte in ihrer eigenen Sprache" beizubringen (Tibi 1995: 153f). Das ist nicht leicht, denn die Vorleistungen dazu müssen die Schüler erbringen: "Solange Muslime ihre Weltsicht und die mit ihr verbundenen kulturellen Handlungsmuster und Einstellungen nicht ändern", werde der interkulturelle Konflikt andauern (ibid.: 129). Wenn muslimische Intellektuelle als Mitglieder der Vormoderne die europäische Kultur mit dem Hinweis auf die 500jährige koloniale Herrschaft des Westens als Grundlage ihrer neu auszurichtenden "Lokalkultur" ablehnen, antwortet Tibi unter völligem Abtun des kolonialen Erbes: "Warum der ständige Hinweise auf die Kolonialherrschaft, um die koloniale Moderne zu diskreditieren?" (ibid.: 258). Schließlich müßten auch Muslime lernen, zwischen der Dominanz des Westens und der Universalität seiner Menschenrechte zu unterscheiden (ibid.: 147). Tibi betrachtet das abendländische Projekt der kulturellen Moderne als das "fortgeschrittenste der Menschheitsgeschichte" (Tibi 1991: 196) und legitimiert damit Kolonialismus und Imperialismus und deren Fortdauer in anderer Form als geschichtliche Stationen universellen Fortschritts. Diese Verharmlosung soll die Ausplünderung des Restes der Welt durch den Westen in einen Krieg der Zivilisationen beziehungsweise einen Kampf der Kulturen umdeuten. Doch auch Tibi muß zugeben, daß die Moderne nicht nur aus dem kulturellen Projekt besteht, sondern von "Nicht-Europäern [...] vor allem als ein Herrschaftsprojekt" erfahren worden sei. Dabei sei aber trotzdem die geistige Dimension mit exportiert worden (Tibi 1992: 51), anhand derer sich die koloniale Welt erst von ihren Eroberern befreien konnte.

Die Spaltung der europäischen Moderne in Aufklärung und Fortschritt einerseits und kolonialistische Herrschaft andererseits (ibid.: 56) ist in höchstem Maße utilitaristisch, denn so können leicht die demographischen, ökologischen und ökonomischen Probleme der zeitgenössischen nicht-westlichen Welt als selbstverursacht abgetan und ihre Ursache in der vormodernen Gesellschaftsstruktur gesehen werden. Schließlich seien "alle Regime in der Welt des Islam [.] in unterschiedlichem Maße autoritär und despotisch [...] und keine Nationalstaaten", sondern "Quasi-Staaten" (Tibi 1995: 179). Da in den Augen des Westens und seiner Demokratietheorie "despotism was implicit in the very core of Islam" (Sadowski 1997: 35), ist für Tibi das kriegerische Gebaren der arabischen Staaten (Tibi 1995: 61), das Fehlen von Menschenrechten (ibid.: 153) und der Mangel an Demokratie im westlichen Sinne vor allem der kulturellen Differenz geschuldet; Demokratie sei schließlich kein Anliegen der "arabischen Massen" (ibid.: 158).

Tibis neo-orientalistisches Theorem verdrängt mit der Trennung der Moderne in einen kulturellen und einen politischen Teil die Gründe und Folgen des Kolonialismus und essentialisiert eine orientalische geistig-kulturelle Disposition: "Essentialism and the dismissal of Western colonialism and imperialism are commonly paired together, since each makes the other more plausible" (Sadowski 1997: 42). Wenn Tibi die "islamwissenschaftliche[n] Steinzeitkategorie" (Ahlers 1997b: 82) der orientalischen Despotie aufgreift, dann will er damit sagen, daß es aufgrund einer im Wesen des Orientalen verankerten Disposition des Eingreifens von außen bedarf, um moderne politische Organisationsformen auszubilden, die Menschenrechte zu erlernen oder Krieg, Chaos und Genozid zu verhindern[25].

ZUSAMMENFASSUNG

Leitkultur, so will Tibi sich verstanden wissen, beschreibt eine politische Kultur. Sie könne als Basis eines friedlichen inneren Zusammenlebens der verschiedenen Kulturen innerhalb eines Kulturraums dienen. Auch global könne eine vereinfachte Version dieser Leitkultur für Frieden sorgen; man müsse sie nur auch den vormodernen Kulturen näherbringen. Wenn jedoch kulturelle Zugehörigkeit letztendlich als essentielle Eigenschaft eines jeden Menschen gilt, kann Leitkultur nur ausschließend wirken. Und Tibi weiß, welche Folgen die Essentialisierung von Wesenszügen hat und daß die Klassifizierung von Menschen in kulturelle Großgruppen eine auf der Definitionsmächtigkeit beruhende Konstruktion ist:

> "Menschen als mit Vernunft begabte Individuen sind im Grunde für den Frieden, nicht für den Krieg. Ordnet man die Menschen aber in Kollektive ein, die in der internationalen Politik Zivilisationen heißen, und definiert man diese dann noch religiös beziehungsweise politisiert sie, dann werden sie zu Feinden: Damit sind wir beim Krieg der Zivilisationen" (Tibi 1995: 233).

Der Konstruktion einer europäischen Leitkultur entspringt einer Identitätspolitik, die versucht, mit Begrifflichkeiten wie Kultur und Zivilisation eine praktische Politik der Grenzziehungen und Hegemonieansprüchen zu legitimieren. Dahinter steckt der evolutionistische Mythos von Fortschritt, der im Namen der Zivilisierung die gesamte europäische Expansion begleitet und legitimiert hat und die "Selbstrechtfertigung dieser Zivilisation" ermöglicht hat (Taylor 1994: 792), schließlich verspreche die europäische Kultur "Vielfalt, aber auch Akzeptanz und

---

[25] "Wenn ein mit Landesreichtümern wie ein Kleptomane umgehender Diktator wie Mobutu abgelöst wird, dann folgt auf ihn eine andere Bestie wie Kabila [...]. In Asien haben wir Äquivalente dazu in den grausamen Figuren von Pol Pot in Südost- und Saddam Hussein in Westasien" (Tibi 1998: 45).

Verständnis für andere Kulturen", so zumindest "zwei deutsche Patrioten" (Daimagüler und Mathiopoulos 2000).
Tibi entdeckt, wie so viele nach 1989, die "Kulturmerkmale Religion und Ethnizität als politische Machtressource" wieder (Ahlers 1997b: 80). Die Verschmelzung von Politik und Kultur beziehungsweise das Verschwinden von Strukturmerkmalen wie Ökonomie und Herrschaft aus dem Politischen münden in einer Geokulturalisierung von Politik mit einer Politisierung des Geokulturellen. Die Begriffe der Kultur und der Politik verschmelzen unter dem Primat der Macht zugunsten der Erhaltung von westlicher Hegemonie. Tibis auf Europa bezogenes Dekadenzszenario (Tibi 1995: 31) entspricht zwar angesichts der globalen Dominanz der USA und der EU nicht der Realität, ruft aber zum verstärkten machtpolitischen Handeln auf.
In diesem Machtspiel liefern Intellektuelle wie Tibi und Huntington die Theorie, mit der Politik legitimiert werden kann. Dabei geht es Tibi genau wie Huntington hauptsächlich um Innenpolitik: Fortlaufend spricht er von deutscher und europäischer Migrations-, Sozial-, Asyl- und Integrationspolitik, fordert ein Ende des Asylmißbrauchs durch Menschen, die in Algerien "Kehlen durchschneiden" (Tibi 1998: 45) oder durch "Westafrikaner, [die] nicht selten Drogendealer" seien (ibid.: 284), malt die Gefahr einer islamischen Armutskultur, die durch die gute Organisiertheit der Muslims zum Pulverfaß für die BRD werden könne und die der hohen Sozialhilfekosten für unintegrierbare Neu-Migranten an die Wand (ibid.: 195 und 198). Die Reaktion auf das Fehlverhalten der Neuankömmlinge bleibt nicht aus, denn für Tibi ist Rassismus die Folge von "Einwanderung in die Sozialsysteme", die die Fremdenfeindlichkeit der Deutschen intensiviere (Tibi 2000a). Deswegen solle das deutsche Asylrecht an "europäische Standards" angepaßt werden.
Tibis Forderungen nach einer "geregelten" Migrationspolitik richten sich an ausschließlich ökonomischen Kriterien aus (ibid.: 277): Billiglohnarbeiterimmigration in den Servicesektor (Ibid.: 307) und das Ende einer Sozialhilfementalität gegenüber den EinwandererInnen, deren staatliche Unterstützung auch noch den Terror finanziere (ibid.: 296ff.). Die Verbindung von Migration und Terrorismus ist ein besonders perfider Fall von Hetze gegen das, was vom bundesdeutschen Flüchtlingsrecht übrig ist.
Durch die Übernahme von Huntingtons Paradigma des Zivilisationszusammenstoßes legitimiert Tibi die Abschottungspolitik der EU, auch wenn er sich selber als

Friedensstifter und Brückenbauer sieht (Tibi 1998: 131). Dabei muß er nicht mit Vokabeln wie "Migrantenschwemme" oder Parolen wie "Ausländer raus!" " argumentieren, sondern er kann im Sinne praktischer Politik alte Vorurteile mit neuen Ängsten mischen und angeblich konfligierende kulturelle Identitäten vorschützen, um eine selektive und restriktive Immigrationspolitik durchzusetzen. Die Angst vor der kulturellen Mischung, wie sie typischerweise im neurechten Diskurs auftaucht, ist auch Tibis Konzept nicht fremd: Rassismus wandelt sich von einer für die kapitalistische Produktionsweise funktionalen Ideologie zu einer Abwehrhaltung gegen Fremdes und Unverträgliches, das wie ein Virus in den Körper der eigenen Kultur eindringt.

Die Ausdrücke Kultur und Zivilisation als neuzeitliche Bewegungsbegriffe sind konzeptuell unbrauchbar und taugen nur als Waffen im Kampf um die öffentliche Meinung. Mit einer holzschnittartigen Gegenüberstellung von europäischer Humanität und Toleranz einerseits und dem kollektiven Inhumanismus außereuropäischer Kulturen andererseits – besonders der Islam ist terroristisch, primitiv, despotisch, irrational – wecken sie die Verteidigungsbereitschaft gegen den Feind außerhalb wie innerhalb der Gesellschaft und haben somit einen sehr rationalen Kern. Das Paradigma des Kampfes zwischen inkompatiblen Kulturen ist der Versuch, ein neues Feindbild zu finden. Der Feind ist nicht mehr der Kommunismus, sondern kommt aus der Despotie der Vormoderne zu uns. Europäische Leitkultur beziehungsweise Moderne ist ein Desiderat, das wissentlich und willentlich Inquisition, Völkermorde in den Amerikas, Holocaust und (Post-)Kolonialismus außer Acht läßt. So werden "die Menschenrechte [..] zu einem artfremden Ideengut – eine Denkweise, die auch in Deutschland bei der Abwehr und Kritik der westlichen Aufklärung und Menschenrechtstradition beliebt war" (Oberndörfer 2001: 27).

Mit dem nunmehr herausgearbeiteten Inhalt von Leitkultur und seiner Bedeutung im Kontext der Formulierung praktischer politischer Maßnahmen im Bereich der "Ausländerpolitik" soll die Leitkulturdebatte untersucht werden. Der Krieg der Zivilisationen, die Weltmoralität und die europäische Leitkultur sind Elemente des Diskurses des Neorassismus, der vor dem Hintergrund globaler Migrationsbewegungen nach Europa und die USA verstanden werden muß.

DIE DEBATTE: VOM IUS SANGUINIS ZUM IUS CULTUS

Die Leitkulturdebatte hatte einen ihrer Ausgangspunkte in dem Vorhaben der SPD-geführten Bundesregierung, ein Einwanderungsgesetz zu erarbeiten, in dem auch Maßnahmen zur sozialen, ökonomischen und kulturellen Integration von Migranten in die bundesdeutsche Gesellschaft vorgeschrieben werden sollten. Bundesinnenminister Otto Schily setzte am 12.9.2000 eine Kommission unter Vorsitz von Rita Süssmuth ein, die Vorschläge für eine solche Gesetzgebung erarbeiten sollte (Bundesministerium des Innern 2001). Daraufhin begann bei der CDU, die die Kommission nicht akzeptierte und das CDU-Mitglied Süssmuth zum Verzicht auf den Vorsitz drängte, eine Debatte um "nationale Identität" und "Ausländerpolitik". Die Parteiführung initiierte eine Konkurrenzkommission unter dem Christdemokraten Peter Müller, die ebenfalls Vorschläge zu diesem Thema erarbeiten sollte. Die Debatte um Leitkultur brandete etwa einen Monat nach Beginn der Arbeit beider Kommissionen auf.

In diesem Abschnitt wird das Entstehen des der Einwanderungspolitik der Unionsparteien unterliegenden neorassistischen Kulturbegriffs dargestellt. Gezeigt werden soll dabei, daß es eine Überschneidung vieler Aussagen des Clash of Civilisations und der identitätspolitischen Gedanken zum Beispiel Bassam Tibis mit dieser Programmatik gibt und daß die Idee einer verbindlichen Leitkultur Teil eines neorassistischen neurechten Diskurses war, der Einzug bis weit in das bürgerlich-liberale Spektrum hinein gehalten hat. Anhand der Einteilung der Debatte in verschiedene Ebenen – die zum Teil mit bestimmten, in der Leitkulturdebatte besonders engagierten, Politikern identifizierbar sind – läßt sich diese Entwicklung darlegen.

Der Bericht der Süssmuth-Kommission wird hier auch aus Platzgründen nicht weiter behandelt. Er lehnt, soviel sei gesagt, Forderungen nach leitkultureller Anpassung rundherum ab, fordert allgemeine Gleichberechtigung auf allen gesellschaftlichen Feldern für MigrantInnen (Bundesministerium des Innern 2001: 200ff.) und sieht die Einbürgerung im Gegensatz zur CDU als einen Schritt auf dem Weg zur Integration und nicht ihr als Ziel (ibid.: 245). Auf die letztendliche Bedeutung des Kommissionsberichtes für die Gesetzgebung wird im Schlußwort kurz eingegangen.

DEUTSCHLAND: JÖRG SCHÖNBOHM UND DAS FREMDE IM VOLKSKÖRPER

Jörg Schönbohm, Innenminister des Landes Brandenburg, hatte sich bereits mehrere Jahre vor der Leitkultur-Diskussion vom Herbst 2000 zum Thema der nationalen Identität Deutschlands geäußert und den Begriff Leitkultur angewandt. Diese frühe Phase der Re-Etablierung einer deutschen Identität ist von

- Anti-Multikulturalismus
- der Angst des demographischen Verschwinden der Deutschen
- der Ablehnung von Einwanderung
- dem kulturellen Zusammenstoß
- und einem völkischen Nationalismus geprägt.

Hier soll dargestellt werden, wie Schönbohm als einer der ersten Politiker die Diskussion um deutsche Identität und Umgang mit MigrantInnen geführt hat – denn auch wenn SPD-Generalsekretär Franz Müntefering meinte, daß die "Union [.] Leitpartei sein [wollte], die die Leitkultur bestimmt. Und zwar die deutsche. Mit Zuwanderung und Integration hat das nur entfernt zu tun" (Müntefering 2001), ist es unter anderem. genau die Thematik der Migration, die Grundlage der Diskussion um deutsche Identität bildet. These ist: Dieser frühe Diskurs um Leitkultur und deutsche Identität verlor sich noch weitgehend" in der abgelegten Tradition eines unseligen, leeren Nationalismus der Angst und Abwehr, [...] ein völkischer Nationalismus" (Funke 2000), wobei aber bereits eine erste Verschiebung vom Ius Sanguinis zu einer Art "Ius Cultus" festzustellen ist.

Schönbohm hält am Nationalstaat als wichtigster gemeinschaftsstiftender Instanz fest und wendet sich gegen "linken Multikulturalismus": Die "Identität der Bundesrepublik als Nationalstaat steht nicht zur Disposition" (Schönbohm 1997), allerdings wolle die "multikulturalistische Linke", die Deutschland nicht liebe und einen Ersatz suche für das verlorengegangene Proletariat, genau diese Identität zerstören. Im Namen eines Kampfes gegen einen neuerlichen deutschen Nationalismus würde die Linke vor allem seit 1989 die in "Deutschland lebenden Ausländer für linke politische Zwecke" instrumentalisieren (Schönbohm 1998a). Darüber hinaus lebe sie nach dem Scheitern ihres politischen Projekts der klassenlosen Gesellschaft auch ihre letzte revolutionäre Utopie in Form des Multikulturalismus aus – wieder auf "Kosten der Ausländer" (Schönbohm 1999a). Das Experiment Multikulturalismus aber gefährde den Frieden in der Bundesrepublik:

"Es ist jedoch zu bedenken, daß das Zusammenleben von Menschen unterschiedlicher ethnischer und kultureller Herkunft neben unbestreitbar positiven Aspekten auch erhebliche Probleme erzeugen kann. Vordringliche Aufgabe verantwortungsbewußter Ausländerpolitik muß daher sein, das Verhältnis zwischen deutscher und ausländischer Bevölkerung möglichst spannungsarm zu gestalten" (Schönbohm 1997).

Diese spannungsarme Zukunft könne aber nicht mit Parallelgesellschaften erreicht werden. Deshalb fordert Schönbohm einen Kulturpluralismus auf einheitlicher kultureller Basis, die von der Mehrheitsbevölkerung bestimmt wird. In der jungen freiheit, dem Organ der deutschen Neuen Rechten, äußerte er: "Ich habe gesagt, wir werden eine Vielfalt von Kulturen in Deutschland haben, wobei immer klar sein muß, daß die deutsche Kultur die Basis sein muß. Darum geht es" (Schönbohm 1999b), denn es gebe doch "heute schon Quartiere, die so sind, daß man sagen kann: Dort befindet man sich nicht in Deutschland" (Schönbohm 1998d). Seine Forderung nach Auflösung "türkischer Ghettos in den nächsten 20, 30 Jahren, um Fremdkörperbildung zu vermeiden" (Schönbohm 1998c), verdeutlicht dies, denn es scheinen diese Fremdkörper zu sein, die im deutschen Volkskörper unausweichlich zu allergischen – also rassistischen – Reaktionen führen. Ausländerfeindlichkeit und Rassismus entstehen so ganz natürlich aus der Begrenztheit der "Integrationsfähigkeit von Gesellschaften. Integration wird um so schwieriger, je höher der Anteil der Ausländer ist. [...]. So können bei schnell steigenden Ausländerzahlen Bedrohungs- und Überfremdungsängste wachsen" (Schönbohm 1997). Zwar müßten nach dieser These sämtliche ostdeutschen Bundesländer nahezu frei von rassistischen Übergriffen, doch Schönbohm setzt in seinem Hegemonieanspruch für die deutsche Kultur auf deutschem Boden voraus, daß zwischen als verschieden angenommenen Kulturen Auseinandersetzungen unausweichlich sind, wenn nicht eine "umsichtige Integrationspolitik mit dem Ziel des Einfügens in die rechtlichen, sozialen, kulturellen und wirtschaftlichen Bedingungen unseres Landes" betrieben werde (ibid.).

Schönbohms Definition der deutschen nationalen Zugehörigkeit laviert mit seiner Nutzung des Volksbegriffs zwischen einer vorpolitisch-völkischen und einer kulturell erwerbbaren Definition von Deutschsein; so spricht er zum Beispiel von

Volkssouveränität – also daß "Deutschland [...] dem deutschen Staatsvolk ‚gehört'" – (Schönbohm 1998a), deutet aber Volk im weiteren eher als kulturelle und damit erwerbbare, nicht durch Abstammung bestimmte Einheit. Die von ihm als Bevölkerungssouveränität bezeichnete Möglichkeit politischer Partizipation aller auf dem deutschen Staatsgebiet Lebenden lehnt er aber wiederum dem völkischen Gedanken folgend ab, da eine solche Auffassung von Souveränität in einer "Gesellschaft beliebig neben- und nicht miteinander lebender Volksgruppen ohne allgemein anerkannte Leitkultur und Werteorientierung" unter billigender Inkaufnahme der "Aufgabe der deutschen Leitkultur zugunsten gleichrangiger Parallelgesellschaften" ende. Da aber die „grundlegende Kultur in Deutschland die deutsche" sei (ibid.), müsse diese "so wie sie sich seit Otto dem Großen bis heute entwickelt hat" (Schönbohm 1999a)[26] von MigrantInnen "ernsthaft und nicht aus Gründen der Zuwanderung angestrebt werden" (Schönbohm 1998d), denn "entscheidend ist nicht die Frage des Passes, sondern der kulturellen Zuordnung" (Schönbohm 1999a).

Auch den Diskurs über den Gegensatz von westeuropäischer Zivilisation und Aufklärung und der deutschen Kultur nimmt Schönbohm auf, um einen bloßen Verfassungspatriotismus als Kriterium für nationale Zugehörigkeit abzulehnen. Dieser reiche nicht aus, um eine deutsche Identität für sich beanspruchen zu können, da "die integrative Kraft der Verfassung heute auf die [deutsche, H.P.] Nation und ihre Entwicklungsgeschichte bezogen" werden müsse, denn "unsere Kultur beruht auch auf geschichtlichen Erfahrungen", was von der die "ehrenwerten" Diskussion um einen "westlichen" Verfassungspatriotismus verkannt werde (Schönbohm 1998a).

Deutlicher formuliert bedeutet dies, daß EinwandererInnen kulturell deutsch werden müssen, um Bürgerrechte und damit dauerhaftes Bleiberecht zu erhalten, da

---

[26] Eine Entsprechung in diesem "Reichsgedanken" scheint sich bei Schönbohm und de Benoist feststellen zu lassen: Ersterer allerdings spricht von der Entstehung einer deutschen Kultur im Hochmittelalter Otto I. des Großen (936-973), während letzterer im Karolingerreich Karls des Großen (768-814) den Ausgangspunkt einer europäischen Kultur sieht. Schönbohm spricht also nicht von einem "Vielvölkerreich" wie de Benoist, der meint, daß alle Völker und Kulturen im Karolingerreich miteinander und mit ihren Differenzen leben konnten und der im Wiederzusammenfinden Deutschlands und Frankreichs als Erben des römisch-germanischen Reiches die Verwirklichung Europas sieht (Christadler 1983: 211f.). Die Zersplitterung dieses Reiches sei mit Napoleons "Diktatur" der Universalien von Verfassung und Menschenrechten und der Aufteilung in Nationalstaaten vollendet worden (Benoist 1985: 12).

die staatsbürgerschaftliche Zugehörigkeit auf kultureller Basis entschieden wird. Die Transformation der Grundlage der Zugehörigkeit, die blutsverwandtschaftlich geregelt war, deutet sich also in Richtung einer kulturellen Deutung von Zugehörigkeit, eines Ius Cultus, an.

Wie stellt sich der Realpolitiker Schönbohm Leitkultur vor? Ist sie erwerbbar? Schönbohm unterschrieb im August 1998 den Bayreuther Aufruf[27] (Schönbohm et. al. 1998b), in dem neben "einer vernunftorientierten Politik [..] über ein verträgliches Maß an Zuwanderung hinaus die Integration eingliederungswilliger, hier lebender Bürger ausländischer Herkunft" gefordert wurde. Dazu sei eine Leitkultur nötig, da eine "kulturelle und soziale Integration [.] nur in einem Umfeld gelingen [kann], in dem die Deutschen sich als Mehrheit wahrnehmen". Dagegen spreche nicht die "Pflege der verschiedenen Herkunftskulturen als Gastkulturen", solange "die nationale Kultur als gemeinsame Basis nicht in Frage gestellt und Ghettobildung vermieden wird". Die UnterzeichnerInnen fordern die ImmigrantInnen auf, der Kultur ihres Gastlandes nicht interesselos gegenüberzustehen, sondern sich an den "Grundlagen unserer Demokratie", dem Rechstaat und der Verfassung zu orientieren (ibid.).

Schon früher hatte Schönbohm versucht, diese Orientierungsleistung zu definieren:

"Die freiwillig zugewanderten Ausländer müssen größeren Beitrag leisten. Sie müssen bereit sein, sich auf die hiesigen Verhältnisse und Lebensbedingungen einzustellen. So darf der Wille zur Bewahrung der eigenen kulturellen Identität nicht Vorwand sein für selbstisolierende Abschottung gegenüber der deutschen Kultur, den Sitten und Gebräuchen. Die hiesigen politischen, sozialen und kulturellen Bedingungen müssen respektiert, ein Mindestmaß an Grundüberzeugungen und Gewohnheiten der deutschen Bevölkerung sollte angenommen werden. So müssen die Grundwerte unserer Verfassung, etwa die Gleichberechtigung von Mann und Frau[28] anerkannt, die Trennung von Staat und Religion akzeptiert und die deutsche Rechtsordnung geachtet werden. Für politische Auseinandersetzun-

---

[27] Hier einige der weiteren Unterzeichner: Hartmut Koschyk MdB (CSU), Prof. Dr. Arnulf Baring, Horst Niggemeier (Mitglied des Dt. Bundestages bis 1994, langjähriger Sprecher der IG Bergbau und Energie, SPD), Ralf H. Borttscheller (Senator für Inneres der Freien Hansestadt Bremen, CDU), Rolf Stolz (Publizist, Gründungsmitglied der Grünen, Rainer Eppelmann MdB (CDU, Bundesvorsitzender der Christlich Demokratischen Arbeitnehmerschaft), Prof. Dr. Rainer Ortleb MdB (F.D.P), Prof. Dr. Kenneth Lewan, Prof. Dr. Johannes Heinrichs.

[28] Erst 1957 wurde ein Gleichstellungsgesetz verabschiedet.

setzungen fremder Länder ist auf deutschem Boden kein Raum" (Schönbohm 1997).

Hier ist schon viel von dem enthalten, was die Leitkulturdebatte im Jahr 2000 auszeichnen wird: Die Forderung nach Assimilation im Gewand der Integration, das für staatliche Macht gewöhnte Menschen eigentlich selbstverständliche Einhalten von Gesetzen[29], der Respekt vor der Kultur der Aufnahmegesellschaft verbunden mit der Erwartung der Annahme von deutschen Gebräuchen und der Kampf der Zivilisationen, der durch Immigration ein innenpolitisches Problem zu werden droht. Schönbohm zeigt sich relativ großzügig: Zwar habe "die deutsche Lebenswelt und Kultur Vorrang [.] – dennoch können neue Einflüsse anderer Kulturen Aufnahme finden" – bei anderen CDU-Kollegen wie dem MdB Georg Brunnhuber findet sich im weiteren Verlauf der Debatte nicht einmal dieser exotistisch-eklektizistische Multikulturalismus, da sich Zuwanderer den deutschen Gepflogenheiten anpassen müßten und nicht umgekehrt; wenn man so "einfach und klar" formuliere, verstünde im Übrigen auch der Bürger, was die CDU eigentlich wolle (Brunnhuber 2000).

DER HEISSE HERBST: FRIEDRICH MERZ UND SEIN VERFASSUNGSPATRIOTISMUS

Die eigentliche, laut und ausgiebig geführte Debatte um deutsche Leitkultur wurde am 10.10.2000 durch den Fraktionsvorsitzenden der CDU im Deutschen Bundestag, Friedrich Merz, angestoßen. Er hatte auf einer Pressekonferenz die Themenfelder dargestellt, die die CDU nach ihrer damals erfolgten personellen Umbesetzung stärker bearbeiten wolle. Darunter war auch "Ausländerpolitik"; verstanden als Einwanderungsreglementierung und Integrationspolitik. Merz, der ankündigte, jedes Thema zu nutzen, das für einen Wahlkampf erfolgversprechend sei, meinte, daß ein Integrationsgesetz überfällig sei, das Kriterien für den Einwanderungsbescheid festlegt (Merz 2000a). Dies geschah anfänglich unter Widerstand zum Bei-

---

[29] Doch ganz so selbstverständlich ist diese Gesetzestreue anscheinend für viele Ausländer nicht. Der damalige Berliner Innensenator Eckhart Werthebach (CDU) will 1999 gewarnt haben, daß "eine solche Parallelentwicklung nämlich insbesondere dann fatal wird, wenn bestimmte nichtdeutsche Gruppierungen die Auffassung vertreten, die deutsche Rechtsordnung gelte für sie nicht. [...]. Es kann jedoch nicht sein, daß in einer Gesellschaft jeder nach seiner Façon lebt" (Werthebach 2001).

spiel des Vorsitzenden der CDU-Zuwanderungskommission Peter Müller, der "Zuwanderung für zu sensibel" für Wahlkämpfe hielt (Müller 2000a). Als aber auch Angela Merkel darauf hinwies, daß nach Roland Kochs Unterschriftenkampagne gegen die doppelte Staatsbürgerschaft bei den Hessen-Wahlen 1999 nur sehr wenige Stimmen auf rechtsextreme Parteien entfallen seien – also ein Rechtsrutsch vermieden worden sei – wurde Merz' Themenvorschlag, der Zukunftsfragen nicht tabuisiere, akzeptiert. Zwar kritisierte der CDU/CSU-Fraktionsvizevorsitzende Wolfgang Bosbach zunächst noch Merz' "unsensiblen" Umgang mit der Ausländerproblematik (Bosbach 2000), doch Jörg Schönbohm begrüßte einen Tag darauf Merz' Willen zu deren Thematisierung im Wahlkampf (Schönbohm 2000). Während Schönbohms Nutzung des Begriffs Leitkultur einem unstabilen, nicht eindeutigen Synkretismus aus völkischem Nationalismus, Ius Cultus und der Dichotomie Zivilisation-Kultur anhing, fließen in Merz' Verständnis von deutscher Kultur

- eine abendländische Komponente in Form der Verortung Deutschlands in der "europäischen Idee"
- Anleihen aus dem Konzept des Verfassungspatriotismus
- die Assimilation von MigrantInnen anhand universalistischer Werte
- und ein starker Anti-Multikulturalismus ein.

Merz sprach im Rahmen der Diskussion um ein Einwanderungsgesetz und die in ihm vorgesehenen Integrationsmaßnahmen zum ersten Mal von deutscher Leitkultur: "Das Aufnahmeland muß tolerant und offen sein. Zuwanderer, die auf Zeit oder auf Dauer bei uns leben wollen, müssen ihrerseits bereit sein, die Regeln des Zusammenlebens in Deutschland zu respektieren". Diese Regeln bezeichnete Merz als die freiheitliche deutsche Leitkultur (Merz 2000b). Die "reflexartige Empörung"[30], die Merz als Reaktion auf seine Aussagen hin festgestellt hatte, machte ihn nach eigenem Bekunden weniger nachdenklich, als die verschiedensten positiven Erwiderungen, die ihm verdeutlichten, daß es "gar keine allgemein akzeptierte Definition dessen mehr gibt, was wir unter unserer Kultur verstehen" und es "eine Begrenzung [..] nur noch durch die Gesetze, nicht mehr durch einen gemeinsamen, wertorientierten gesellschaftlichen Konsens" gebe (ibid.).

---

[30] Hannelore Rönsch (CDU) stellte ebenfalls eine "geradezu hysterisch[e] Reaktion auf die freiheitliche[n] deutsche[n] Leitkultur" fest (Rönsch 2000).

Was nun ist diese freie, deutsche Leitkultur nach Merz, der sich "Ausländer" anzupassen haben?

"Zur freiheitlichen Kultur unseres Landes gehört ganz wesentlich die Verfassungstradition unseres Grundgesetzes. Sie ist geprägt von der unbedingten Achtung vor der Würde des Menschen, von seinen unveräußerlichen persönlichen Rechten, von den Freiheits- und Abwehrrechten gegen den Staat, aber auch von Bürgerpflichten. Das Grundgesetz ist damit wichtigster Ausdruck unserer Werteordnung und so Teil der deutschen kulturellen Identität, die den inneren Zusammenhalt unserer Gesellschaft erst möglich macht" (ibid.).

Bis hierhin erscheint die politische Manifestierung in der Form einer Verfassung als Ausdruck spezifisch deutscher Identität. Die Aufzählung der die Verfassung bestimmenden Vorstellungen umfaßt allerdings nichts, was als deutsches Spezifikum gewertet werden könnte. Nicht einmal die Tatsache, daß vor kaum sechzig Jahren diese politische Kultur ganz sicher in Deutschland keine Gültigkeit besaß, wird erwähnt – das deutsche Wesen hat also schon immer der Freiheit und der Menschenwürde Rechnung getragen.
Die deutsche Leitkultur ist somit eine Wortschöpfung, die absichtlich ihren Inhalt unbestimmbar läßt, Assoziationen mit allem möglichen als "deutsch" Bezeichenbaren provoziert und trotzdem – wie später geschehen – einem harmlosen Verfassungspatriotismus, der eine republikanische Gesinnung einfordert, Platz machen kann. Diese Kultur scheint auf den ersten Blick ein für jeden Menschen gangbarer Weg zur gesellschaftlichen Partizipation zu sein. Doch, so Merz: "Verfassungspatriotismus reicht mir nicht, das ist zu wenig" (Merz 2000c), hinzu käme, daß die deutsche Kultur "entscheidend von der europäischen Idee geprägt" sei:

"Deutschland als Land in der Mitte Europas und die Deutschen haben sich identifiziert mit der europäischen Integration, mit einem Europa in Frieden und Freiheit, basierend auf Demokratie und sozialer Marktwirtschaft" (Merz 2000b).

Damit nimmt Merz Abstand von Schönbohms Trennung von europäischer Zivilisation und deutscher Kultur und versucht, die deutsche Identität als Teil Europas

zu manifestieren, das mit Demokratie, Freiheit und sozialer Verantwortung gleichgesetzt wird.
Für Merz erfordert das notwendig problematische Miteinander von Menschen aus verschiedenen Kulturkreisen eine allgemein anerkannte und universelle Gültigkeit beanspruchende Ethik für Deutschland:

> "Gleich, ob dies nun die Identität unseres Landes, der Verfassungspatriotismus oder eben die freiheitliche Leitkultur ist, die uns geprägt hat: Einwanderung und Integration von Ausländern, die wir wollen und die wir fördern müssen, braucht Orientierung an allgemein gültigen Wertmaßstäben" (ibid.).

Damit verbunden ist Merz' Ablehnung der multikulturellen Gesellschaft. Diese, so Merz, stoße dort an ihre Grenzen, wo der für ihn typisch europäische "Minimalkonsens zur Freiheit, der Menschenwürde und der Gleichberechtigung nicht mehr eingehalten wird" (ibid.).
Merz' Vorstellung von Leitkultur erfordert Anpassungsleistungen seitens der MigrantInnen, um sie vom unteren Ende der hierarchischen Skala der Zugehörigkeit aufsteigen zu lassen. Doch muß bezweifelt werden, ob Merz' Gedanken tatsächlich ausschließlich das "statische Verständnis eines konservativen Kulturbegriffs", das den dauerhaften Ausschluß von Menschen aus einer Gesellschaft beinhaltet, unterliegen, wie Heither und Wiegel meinen (Heither und Wiegel 2001: 8). Denn im Vergleich zu Schönbohms schwelgerischen Gedanken an vergangene Goldene Zeitalter des Deutschtums zeigt sich Merz pragmatisch veranlagt, wenn er explizit zum Lösen der Probleme der Renten- und Sozialkassen 300.000 ImmigrantInnen jährlich als notwendig erachtet und einzig wegen "unüberwindlicher Integrationsschwierigkeiten" nur eine Zahl von 200.000 pro Jahr als machbar sieht (Merz 2000d).
Friedrich Merz hat zwar die Debatte um deutsche Identität ausgelöst und sie zu einem beherrschenden Thema im Herbst 2000 gemacht, seine Aussagen sind jedoch, wortwörtlich genommen, so nahe an einem Verfassungspatriotismus wie sonst wenige Verfechter des Leitkulturbegriffs. Merz nutzt keine völkischen Argumente und bezieht sich recht eindeutig auf Europa und Verfassungstreue, wenig auf deutsche Gepflogenheiten oder kulturelle Inkommensurabilitäten. Allerdings: Warum wird nicht gleich ein Begriff wie Verfassungspatriotismus benutzt? Das

Motiv hinter der Stichwortprägung und Themenbesetzung ist das Suggestionspotential von deutscher Leitkultur. In ihr kann insgeheim gelesen werden, was offen nicht ausgesprochen werden kann: die Forderung nach dem Primat der deutschen Kultur über andere Identitäten, außerdem ist der Begriff Kultur so schwammig, daß im Bedarfsfall "die deutsche Leitkultur bis auf Stammtischvorstellungen von deutscher Ordnung und Sauberkeit" ausgedehnt werden kann (Güntner 2000), eine "myriade de stéréotypes et une pléthore de mauvais souvenir" stimuliert wird (Évard 2000: 44). Deshalb ist Merz sicherlich nicht als Verfechter eines Verfassungspatriotismus anzusehen, auch wenn er sich im Laufe der Debatte hinter einem solchen verschanzt hat, während aus CDU und CSU deutlichere Töne angeschlagen wurden. Merz hat den Begriff Leitkultur und das Nachdenken über deutsche Identität im Gegensatz zu der der ImmigrantInnen bewußt benutzt und angeregt, obwohl er behauptet hat, den Leitkultur-Begriff zunächst "noch nicht wohlüberlegt" verwandt zu haben (Merz 2000e). So war es möglich, mit einer pragmatischen, aber ein Tabu zu brechen vorgebenden Frage zur Integrationspolitik auch das linksliberale Politikspektrum in die Debatte um die deutsche Nation hineinzuziehen[31].

DAS ABENDLAND: AUS DEUTSCHLAND WIRD EUROPA

Während Merz nach einem Schritt "zu weit" – der für die Wiederbelebung der Identitätsdebatte notwendig war – vordergründig auf die Liebe zur Verfassung zurückgreift, um eine dominante allgemeingültige deutsche Leitkultur zu definieren, wird auf einer weiteren Diskursebene in Bezug auf Bassam Tibis Vorstellung von Leitkultur eher von Europa und dem Abendland gesprochen. So forderte zum Beispiel CDU-MdB Hannelore Rönsch von ImmigrantInnen die Akzeptanz des "bei uns geltenden Werte- und Ordnungsrahmen [.]. Nichts anderes bedeutet ‚Leitkultur in Deutschland', die im Ausland ganz selbstverständlich als Teil der abendländischen Zivilisation gesehen wird" (Rönsch 2000). Dieser Diskurs der Beschwörung einer europäisch-abendländischen Identität wird sich im Verlauf der Erarbeitung der CDU-Zuwanderungspolitik durchsetzen, so daß hier der Beginn des Verschwindens des Attributs deutsch zu verorten ist. Inwieweit dieses Europa aus U-

---

[31] So glaubte auch die PDS-Vorsitzende Gabi Zimmer sagen zu müssen, daß sie Deutschland liebe; natürlich vor allem die Landschaften und Städte (Zimmer 2000).

niversalität beanspruchenden Verfassungswerten und christlichen Humanitätsvorstellungen besteht, diese Werte für Europa partikularisiert werden oder Europa als antike Einheit à la Benoist imaginiert wird, wird später beschrieben.
Die Elemente dieses Teildiskurses bestehen aus
- der Konstituierung einer deutschen Identität innerhalb einer abendländischen Kultur
- der Beschwörung einer europäischen Sinnkrise
- und der Feststellung von kulturell bedingten Konflikten durch Einwanderung von Mitgliedern aus "fernen" Kulturen der Vormoderne

Das christliche Abendland als imaginierte Einheit einer westeuropäischen Kultur spielt in der Debatte eine zunehmend wichtige Rolle. So notierte der damalige sächsische Ministerpräsident Kurt Biedenkopf (CDU) in seinem 2000 erschienen "Deutschen Tagebuch" einen Traum, in dem er von Menschen brauner Hautfarbe mit Turbanen und weißen Gewändern berichtet, die im Begriff stünden, in seinen Garten einzudringen, diesen zu verwüsten und ihn persönlich anzugreifen. Biedenkopf deutete dies als eine Umsetzung von Gedanken in Bilder, da er kürzlich viel über die Gefahren eines "Einwanderungsdrucks aus dem Süden auf Europa" gesprochen habe (Biedenkopf 2000: 334). Dieser scheint die europäische Kultur zu bedrohen, die sich aber als "kulturelle Substanz [...] gestaltende Kraft erwiesen" habe und deren Vitalität Europas einzige Chance sei (ibid.: 54).
Auch in der praktischen Politik spielt Europa eine Rolle. Die CSU-geführte bayerische Landesregierung begann besonders früh, sich auf Europa zu besinnen, um eine Zuwanderungspolitik zu formulieren: Am 12.12.2000 verabschiedete sie ihre "Zehn Leitlinien für eine gesetzliche Regelung zur Zuwanderung" (CSU 2000), die als Grundlage für den Entwurf eines "Zuwanderungsbegrenzungs- und Steuerungsgesetz" dienen sollten. Die drei Grundsätze umfaßten die Begrenzung der Immigration aus Nicht-EU-Staaten, die "Reduzierung des ungesteuerten Zuzugs [um] Spielräume für Zuwanderung [zu] schaffen, die im Interesse von Staat und Gesellschaft" liege und die verstärkte Integration "der dauerhaft und rechtmäßig bei uns lebenden Ausländer". Zuzugsbegrenzungen von Nicht-EU-Bürgern seien notwendig, um die "Identität unseres Landes" zu bewahren. Die CSU wolle so die unter dem Deckmantel des Asyls stattfindende ungesteuerte Zuwanderung stoppen, um "nützliche Ausländer" ins Land zu lassen, die durch ihre zahlenmäßige Begrenztheit die deutsche Identität nicht gefährden zu scheinen. Das Ziel dieser

Politik sei es, "ausländische Mitbürger in unsere Gesellschaft wirklich einzugliedern und ein echtes Miteinander, nicht ein bloßes Nebeneinander in Parallelgesellschaften zu schaffen", was nur durch Einfügen in die "vorgefundene rechtliche, politische und gesellschaftliche Ordnung" funktioniere. Deshalb ist für die CSU Integration auch mehr als Kenntnis der deutschen Sprache und Anerkennung der Rechtsordnung. Zur Integrationsbereitschaft gehört

"bei aller Entfaltungsfreiheit, die unsere Verfassung jedem zugesteht, auch Toleranz und Rücksichtnahme auf die Normen und Gepflogenheiten, denen sich die einheimische Bevölkerung verpflichtet fühlt. In diesem Sinne ist Maßstab für Integration die in jedem Kulturstaat herrschende Leitkultur. In Deutschland beruht sie auf der Grundlage europäisch-abendländischer Werte mit den Wurzeln Christentum, Aufklärung und Humanismus" (ibid.).

Die CSU verbindet ihre Vorstellung von Leitkultur explizit mit Konflikt zwischen Einwandernden und der Aufnahmegesellschaft beziehungsweise Aufnahmekultur. So meinte etwa Alois Glück, Fraktionsvorsitzender der CSU im bayerischen Landtag, 1999, daß

"Zuwanderer aus dem europäischen Kulturkreis [.] sich in der Regel gut integrieren [können] und werden entsprechend integriert. Die Probleme und Konflikte für alle Beteiligten entstehen in erster Linie mit Menschen aus anderen Kulturkreisen, mit anderen Wertvorstellungen, Lebensgewohnheiten. Die Zuwanderung ist gewissermaßen der innenpolitische Teil der Globalisierung" (Glück 1999).

Die problematischen MigrantInnen aus nichteuropäischen Kulturkreisen seien zwar als "Menschen [.] in ihrer Würde gleichrangig, nicht aber die Kulturen der Vormoderne und der Moderne" (Glück 2000). So gebe es eben "Werteordnungen, die Toleranz nicht respektieren und damit Anlässe für tiefgreifende gesellschaftliche Konflikte schaffen (Glück 1999). Die Werteordnungen von "Christentum, Humanismus und Aufklärung" hingegen geböten Toleranz (Glück 2000). Damit findet Huntingtons Clash of Civilisations, die "zunehmenden Konflikte zwischen ethnischen Gruppen, Kulturen und Zivilisationen, unterschiedlichen Wertvorstellungen" (Glück 1999), Eingang in die innenpolitischen Vorstellungen der CSU.

Um die quasi-natürliche Konfliktträchtigkeit des Zusammenlebens von MigrantInnenkultur und Mehrheitskultur zu minimieren, sei eine Leitkultur nötig, da "die Integrationsfähigkeit gegenüber Fremden und anderen Lebensweisen [.] in jeder Gemeinschaft und in jedem Volk begrenzt [ist]. Diese normale menschliche Reaktionsweise gilt es zu respektieren und zu berücksichtigen". Nach Glück besteht diese Leitkultur aus den in Deutschland gültigen "Regeln [.], die für alle gelten und die im Konfliktfall auch bestimmen, was im Einzelfall zu gelten hat und was nicht". Sie umfasse "Vorstellungen staatlicher und gesellschaftlicher Ordnung, die sich in Deutschland, aber auch in Europa auf der Basis der christlich-abendländischen Kultur in jahrhundertlangen Auseinandersetzungen entwickelt haben" (Glück 2000). So sind also die europäischen Kulturen schon Resultat von Kämpfen untereinander und müssen sich auch zukünftig weiter behaupten. Sich auf Bassam Tibi berufend, beklagt Glück die "allgemeinen Trends zur Beliebigkeit und zum Wertepluralismus" und lehnt "die Selbstaufgabe in einer multikulturellen Gesellschaft ab" (Glück 2000).

Alois Glück thematisiert auf seiner Suche nach einer deutschen Identität im europäischen Rahmen das angebliche Dilemma der Deutschen bezüglich ihres nationalen Bewußtseins: "Wir sind unsicher und unklar über die eigene Identität und Kultur". Um dem entgegenzuwirken, fordert er "Respekt auch gegenüber der eigenen Kultur" von den MigrantInnen und nicht "nur Toleranz mit anderen Religionen" (Glück 2000).

Aus der freiheitlichen deutschen Leitkultur wurde Leitkultur in Deutschland als die deutsche Version eines ganz normalen Zustandes des Respekts der Mehrheitskultur in einem europäischen Nationalstaat. Die Unbestimmbarkeit und Unbestimmtheit von so etwas wie deutschen Gepflogenheiten erlaubt es, die Zustimmung vieler Menschen zu erreichen. Im Gegensatz zur CDU und zu vorherigen Äußerungen von Bayerns Innenminister Günter Beckstein – er definierte europäische Leitkultur als "Christentum, Judentum, aber auch Humanismus und Aufklärung" (Beckstein 2000a) – fällt in den CSU-Leitlinien jeglicher Bezug auf das Judentum weg. Die europäische Kultur wird somit, nachdem deutsche Leitkultur als unfunktional erkannt wurde, sofort geographisch und kulturell eingeschränkt und die durch den Holocaust ausgelöschte Existenz des europäischen Judentums indirekt als Wiederherstellung einer ursprünglichen europäischen Kultur deklariert. Der Holocaust also als Bereinigung europäischer Identität? Diese Hypothese müßte eingehender untersucht werden, doch sollte es nicht als ein Zufall gewertet werden, wenn die Beziehungen von Judentum und Christentum auch und vor allem in Europa aus der Herkunftserzählung des Abendlandes wegfallen. Glück verbindet kulturelle Inkommensurabilität, Schwierigkeiten bei der kulturellen Integration, Hierarchisierung von Kultur in Moderne und Vormoderne, Kampf der Kulturen und rassistische Diskriminierungspraxen mit Integrationsdefiziten im und über den Arbeitsmarkt. Er stellt fest, daß der Arbeitsmarkt der Dreh- und Angelpunkt für die Integration legaler Einwanderer sei. Da viele dort nicht vermittelbar seien, gerieten sie ins soziale "Abseits", so daß sich eine "spezielle Armutskultur" als gesellschaftspolitischer Sprengsatz entwickele. Die Entwicklung einer sozialen Randgruppe mit den Merkmalen "ethnische Eigenschaft Ausländer" und "arm" führe zum "politischen Zündstoff rassistisches Problem", das von "Seiten der Ausländer und rechtsradikaler Einheimischer" ausgehe (Glück 2001). Schließlich sei ja die BRD kein klassisches Einwanderungsland[32], weil Einwanderung – verstanden als Aufbau eines neuen Lebensmittelpunktes – nicht erbeten und gefördert worden sei[33]. Daraus muß folgen, daß nur noch nützlichen Ausländer die dauerhafte Einwanderung in die BRD erlaubt wird: "Wir brauchen weniger Ausländer, die uns ausnützen und mehr, die uns nützen", so der bayerische Innenminister Günter Beckstein (Beckstein 2000b).

Mit seiner offenen Hierarchisierung von Kulturen der Moderne und Vormoderne konterkariert er die Bemühungen der CDU, nach den anfänglichen massiven Protesten gegen Merz' Leitkultur keine explizite Hierarchie von deutscher und fremder Kultur aufzubauen. Er steht damit aber in völligem Einklang mit Bassam Tibi,

---

[32] "Deutschland ist ein weltoffenes Land, das im Laufe seiner Geschichte immer wieder Zuwanderer aufgenommen und nach Kräften integriert hat, obwohl Deutschland kein klassisches Einwanderungsland ist und es aufgrund seiner historischen, geographischen und gesellschaftlichen Gegebenheiten auch nicht werden kann" (CDU 2001, I.A.1).

[33] So zum Beispiel der stellvertretende CSU-Vorsitzende Ingo Friedrich, der meinte, es dürfe auf keinen Fall signalisiert werden, daß Bürger anderer Staaten in großer Zahl eingeladen seien, nach Deutschland zu kommen (Friedrich 2000).

der auch wie zum Beispiel die CSU diese Hierarchisierung als Tabubruch[34] feiert, um damit die europäische Sinnkrise zu beenden und den Stolz auf Europas geistige Errungenschaften wiederzubeleben.

DAS VERSCHWINDEN EINES BEGRIFFS: LEITKULTUR PASSÉ

Die CDU-Kommission zur Erarbeitung von Vorschlägen für eine Einwanderungsgesetzgebung begann ihre Arbeit nur vier Wochen bevor die Debatte um Leitkultur ausbrach. Der Kommissionsvorsitzende und saarländische Ministerpräsident Peter Müller war mit dem Wort von der deutschen Leitkultur nicht sehr zufrieden; zwar gehe es nicht um inhaltliche, sondern um eine "Differenz in den Begriffen" (Müller 2000b), dennoch sei das Wort "unpräzise und [könne] vorsätzlich mißverstanden werden" (Müller 2000c). So erschien der Begriff in der "Arbeitsgrundlage für die Zuwanderungs-Kommission der CDU Deutschlands", die am 6.11.2000 verabschiedet wurde, in abgewandelter Form. Dort hieß es, Zuwanderung müsse "auf dem Boden unserer Verfassungswerte und im Bewußtsein der eigenen Identität stattfinden". In diesem Sinne sei es zu verstehen, "wenn die Beachtung dieser Werte als Leitkultur in Deutschland bezeichnet wird" (CDU 2000: IV/3).

Das Papier fordert im integrationspolitischen Teil, daß Ausländer, die einen Daueraufenthaltstitel erlangen wollten, an einem

> "umfassenden Eingliederungsprogramm (Integrationskurs) teilnehmen [müssen]. Dieses Programm soll insbesondere Deutsch, die Grundzüge der Rechtsordnung der Bundesrepublik Deutschland, der Geschichte und Kultur unseres Landes sowie gesellschaftliche und berufliche Orientierung umfassen. Entsprechende frühzeitige Bemühungen können Separierungstendenzen und damit die Bildung von Parallelgesellschaften vermeiden helfen," (CDU 2000: IV/5),

die zusammen mit Multikulturalismus kein Zukunftsmodell darstellten (ibid.: IV/3). Zwar könne "Zuwanderung für eine Gesellschaft in vielfältiger Hinsicht auch eine große Chance der Bereicherung biete[n]. Nicht nur in ökonomischer

---

[34] "Das Thema Zuwanderung war und ist immer noch ein Tabuthema in Deutschland. Nur selten gelingen unverkrampfte und sachliche Diskussion um die Zukunft der Ausländerpolitik in Deutschland" (CSU 2000a).

Hinsicht", so die CDU, doch gehört Deutschland "zur Wertegemeinschaft des christlichen Abendlandes. Wir sind Teil der europäischen Kulturgemeinschaft" (ibid.: Präambel). Um diese Kulturgemeinschaft intakt zu halten, will die CDU "unbegrenzte Zuwanderung" verhindern, damit die "innere Stabilität und Identität" der Bundesrepublik angesichts des "Zuwanderungsdrucks" bestehen bleibt (ibid.: I/2).

Auf dem Weg hin zum Ergebnis der Müller-Kommission stellten am 10.5.2001 die Vorsitzenden von CDU und CSU, Angela Merkel und Edmund Stoiber, ein gemeinsames Papier zur "Steuerung und Begrenzung von Zuwanderung" vor, in dem Zuwanderung unter bestimmten Umständen als "im nationalen Interesse" liegend angesehen wird. Das Papier beruht auf dem Eckpunktepapier der Müller-Kommission und auf einer einige Wochen zuvor veröffentlichten CSU-Vorlage (CSU 2001). Diese sprach nur noch von Leitkultur ohne Attribut deutsch, wies vor allem auf die Problematik der Einwanderung von Menschen aus Nicht-EU-Staaten hin und spricht in diesem Zusammenhang von fremden Kulturkreisen, deren Zuwanderungsanteil wegen der Gefährdung der "Identität unseres Landes" begrenzt werden müsse. Darüber hinaus gefährdeten diese Fremden auch "die Integrationschancen der rechtmäßig bei uns lebenden Ausländer"; hier wird impliziert, daß die rechtmäßigen Ausländer größtenteils aus EU-Staaten stammen, zumal der "Zuwanderungsdruck aus weniger entwickelten Regionen" – also Menschen ohne einen europäischen Hintergrund – in die BRD spüle. Hier tritt offen ein Vokabular zu Tage, das direkt aus den Forderungen der Neuen Rechten entnommen sein könnte, wenn von absoluter Fremdheit gesprochen wird, deren Einfluß auf die eigene kulturelle Identität zerstörerisch wirkt. Das parteiübergreifende Papier schlägt vor, die Begrenzung der Zuwanderung am Maß der "Integrationsfähigkeit" der BRD zu orientieren und daß vor einer Aufnahme der Zuwanderer in den Arbeitsmarkt das deutsche Arbeitskräftepotential ausgenutzt sein müsse. Der Begriff der Leitkultur fehlt hier nun völlig, anstelle dessen wird auf die "Werteordnung unserer christlich-abendländischen Kultur" verwiesen (CDU/CSU 2001).

Schließlich präsentierte die CDU am 7.6.2001 ihr Beschlußpapier des Bundesausschusses mit dem Titel "Zuwanderung steuern und begrenzen. Integration fördern" (CDU 2001), das das Ergebnis der Arbeit der CDU-Einwanderungskommission ist. Wie definiert das Papier deutsche Kultur, von der auch hier "im Interesse der Versachlichung der Debatte" (Müller 2001) nicht mehr als Leitkultur gesprochen wurde? Zwar ist das Reizwort entfallen, zugunsten eines zustimmungssicheren Konglomerats einer "Werteordnung der christlich-abendländischen Kultur, die von Christentum, Judentum, antiker Philosophie, Humanismus, römischem Recht und Aufklärung geprägt wurde" (CDU 2001: II.A.1.), ersetzt worden. Innerhalb dieser Gemeinschaft hat sich

> "im Laufe der Geschichte unsere nationale Identität und Kultur entwickelt, die sich in unserer Sprache und in Künsten, in unseren Sitten und Gebräuchen, in unserem Verständnis von Recht und Demokratie, von Freiheit und Bürgerpflicht niederschlägt. Deutschland gehört zur Wertegemeinschaft des christlichen Abendlandes. Wir sind Teil der europäischen Kulturgemeinschaft" (ibid.: Präambel).

Integration wird von der CDU nicht als Assimilation an die Kultur der Aufnahmegesellschaft verstanden, sondern als "Einbindung in das gesellschaftliche, wirtschaftliche, geistig-kulturelle und rechtliche Gefüge des Aufnahmelandes ohne Aufgabe der eigenen kulturellen Identität" bei vorausgehender Akzeptanz der gültigen Werteordnung. Mißlinge dieser Integrationsprozeß, bestehe die Gefahr "der Segmentierung und der Bildung von Parallelgesellschaften", weswegen eine multikulturelle Gesellschaft nicht akzeptabel sei (ibid.: II.A.1). Die "Bejahung kultureller Vielfalt" müsse dort enden, wo die "Grundwerte der Verfassung [.] im Widerspruch zu den Positionen eingewanderter Kulturen stehen". Diese Unterschiede zwischen der deutschen Kultur im Rahmen der europäischen und einer anderen Kultur nehmen nach Ansicht der CDU zu und erschweren eine Integration zur Vermeidung von Parallelgesellschaften, je größer "die kulturellen und religiösen Unterschiede zwischen Zuwanderern und Aufnahmegesellschaft sind". Demzufolge ist Integration von Bürgern aus westlichen Gesellschaften um ein vielfaches einfacher und billiger zu haben, als mit Bürgern aus anderen geographischen Regionen dieser Erde, mit denen "sich nicht selten Deutsche zunehmend als Fremde in ihrem eigenen Land fühlen" (ibid. II.A.1.)[35].

---

[35] Hier wird ein Ausspruch des rechts-konservativen Ex-Berliner Senators Heinrich Lummer in die integrationspolitischen Vorstellungen der CDU aufgenommen. Dieser sprach davon, daß man Heimat auch durch Masseneinwanderung verlieren könne (Lummer 1998).

Die Integrationsleistungen müssen vorwiegend von den Integrationsfähigkeit besitzenden Einwandernden erbracht werden, auf deutscher Seite reicht "die Toleranz gegenüber anderen Lebensformen, kulturellen Traditionen und religiösen Überzeugungen" (ibid.: I.A.1.) aus. Mit Hilfe obligatorischer Integrationskurse für Träger von unbefristeten Aufenthaltstiteln sollen "Grundkenntnisse der deutschen Sprache [...], die Grundzüge der deutschen Rechtsordnung, der deutschen Geschichte und der deutschen Kultur vermittelt und Hilfestellungen bei der gesellschaftlichen und beruflichen Orientierung angeboten werden". Ausnahmen gelten für – kulturnahe – EU-Bürger und diesen Gleichgestellten, für Minderjährige, die der Schulpflicht unterliegen, und für „Zuwanderer aus der Kategorie der höchstqualifizierten Arbeitsmigranten" (ibid.: I.B.1.). Verstöße gegen die Teilnahmepflicht sollen mit dem Verlust von sozialen Leistungen bestraft werden können. Am Ende der erfolgreichen theoretischen Integrationsvorsaussetzungen steht nach Meinung der CDU die Einbürgerung. Bedingung dafür ist neben "dem Nachweis der Fähigkeit zur Bestreitung des eigenen Lebensunterhaltes und der notwendigen Straffreiheit insbesondere das Vorliegen guter Deutschkenntnisse und das klare Bekenntnis zur Werteordnung des Grundgesetzes" (ibid.: II.C.7.).

Es sollte deutlich geworden sein, daß in den verschiedenen Einwanderungskonzepten der Unionsparteien durchgängig von fast unüberbrückbar wirkenden Differenzen zwischen Kulturen ausgegangen wird. Der Islam steht bei den Äußerungen aller Politiker als Beispiel für eine solche Kultur im Mittelpunkt der Diskussion und wird mit gängigen Stereotypen belegt – Mädchenbeschneidung, fundamentalistische Islam-Schulen, Zwangsverheiratung (Merz 2000f) – die mit europäischen Ideen nicht vereinbar seien; der Islam ist all das, was Europa nicht ist. Auch das Müller-Papier spricht den Islam explizit an: "Der aufgeklärte Islam ist kein Integrationshindernis in der Bundesrepublik Deutschland" (CDU 2001: II.A.1.); ein Islam jedoch, der nicht unter deutscher Schulaufsicht im Rahmen von Religionsunterricht gelehrt wird, scheint eine nicht tolerierbare Gefahr für die BRD zu sein.

RECHT AUF IDENTITÄT: DEUTSCHE NORMALISIERUNGSBEMÜHUNGEN

Bislang wurde dargestellt, wie das sich als unfunktional erweisende Wortpaar deutsche Leitkultur aus den Formulierungen der Unionsparteien zur Zuwanderungspolitik allmählich verschwand und die als Integrationsmaßstab geltende Kultur als abendländische oder europäische definiert wurde. Dieser Prozeß wurde aber durchgängig von einer scheinbar gegenläufigen Tendenz begleitet, in der im Tone eines unverhohlenen Standortnationalismus ein gesundes und normales Nationalbewußtsein propagiert wurde, um die Herausforderungen einer globalisierten Wettbewerbswirtschaft zu meistern. Überraschenderweise wurde dieser Paralleldiskurs von der CDU-Bundesvorsitzenden Angela Merkel angeschlagen. Zunächst hatte sie Friedrich Merz zusammen mit anderen Unionspolitikern noch kritisiert – so sagte zum Beispiel Heiner Geißler, daß sich auch ein Skinhead auf die deutsche Leitkultur berufen könne (Geißler 2000). Nach innerparteilicher Diskussion übernahm auch Merkel das Wort von der deutschen Leitkultur mit dem Hinweis auf seinen Schöpfer Bassam Tibi, da dieser ihn "in Bezug zu den Werten der europäischen Aufklärung und Demokratie und im Gegensatz zur Idee einer multikulturellen Gesellschaft gesetzt" habe (Merkel 2000b: 27). Bald jedoch hatte sich Merkels Vorstellung von deutscher Leitkultur dahingehend gewandelt, daß von diesen Werten oder einem noch so diffusen Verfassungspatriotismus kaum mehr etwas zu spüren war. Vielmehr ging es ihr und anderen jetzt darum, eine Debatte darüber, "was unser Land zusammenhält", zu führen (Merkel 2000c) und eine Normalisierungsdebatte angesichts der NS-Vergangenheit und der durch sie behinderten selbstbewußten Durchsetzung "deutscher Interessen" anzustoßen. Wesentliche Elemente dieses Teildiskurses sind neben dem zu erwartenden Anti-Multikulturalismus

- nationaler Zusammenhalt
- Vaterlandsbeschwörung
- nationale Selbstsicherheit und Einordnung der deutschen Vergangenheit in europäische Normalität
- und Wahrnehmung deutscher Interessen.

Die Normalisierungsdebatte wurde unter den Stichworten des ethnopluralistischen Prinzips des Rechts auf Identität, geführt. Ein deutsches Spezifikum ist darin zu sehen, daß dieses Recht selbst in der wenig verschämt geführten Leitkulturdiskussion nie losgelöst von Drittem Reich, Holocaust und Zweitem Weltkrieg diskutierbar war.

Merkels positiver öffentlicher Bezug auf deutsche Leitkultur beginnt relativ spät. Erst Ende Oktober äußert sie offen, daß sie nach dem Scheitern des "linken" Projekts der multikulturellen Gesellschaft die Zeit gekommen sieht, eine neue deutsche Identität zu finden; und die Leitkulturdebatte könne der richtige Rahmen dafür sein (Merkel 2000d). Was diese ausmache, beschreibt Merkel aber mit durchaus anderen Worten als der vielgescholtene Verfassungspatriot Merz:

"Die Fahne, die Nationalhymne, Heimat. Dann fällt mir relativ schnell das Grundgesetz ein und Landschaft. Wenn ich zum Beispiel in Rußland bin und die Birkenwäldchen sehe, dann weiß ich, daß das keine deutsche Landschaft ist" (Merkel 2000b: 27).

Gesetze und Verfassung erhalten also, in Konkurrenz zu typisch deutschen Eigenschaften wie "Bodenständigkeit, aber auch Selbstzweifel", der Unfähigkeit, mit "rationalem Maß Risiken und Chancen abzuwägen" und der Freude, "daß wir jetzt [nach der deutschen Einheit, H.P.] die Nationalhymne singen und die Fahne schwenken konnten" eine eindeutig untergeordnete Rolle in dem, was deutsche Identität ausmacht (ibid.: 29).

Auf dem Kleinen Bundesparteitag der CDU im November 2000 verdeutlichte Merkel ihr Verständnis von deutscher Identität und sprach von den Anforderungen, die die Aufnahmegesellschaft an die ImmigrantInnen richten solle. Merkels Definition von deutscher Leitkultur blieb in ihrer Rede recht vage – allerdings hat sie ihre eine Woche zuvor gegebene Definition von Leitkultur als "Kultur der Toleranz, des Miteinanders, der Verfassungswerte und der Weltoffenheit" (Merkel 2000e) entscheidend erweitert:

"Die Freiheit ist ein ganz entscheidender Kern unseres Wertekanons, dessen, was unser Land ausmacht und wonach sich die Menschen im Osten jahrzehntelang gesehnt haben. Übrigens: Wir haben damals nicht gerufen: Deutschland – einig Grundgesetz. Wir im Osten haben gerufen: Deutschland – einig Vaterland. Das war auch richtig so" (Merkel 2000f).

Hiermit lehnt Merkel Verfassungspatriotismus ab und beschwört die territorial verfaßte, auf dem Abstammungsprinzipe beruhende Nation vor dem Hintergrund der Identitätspolitik der DDR, der es "nie gelungen [war], uns das Zusammengehörigkeitsgefühl in Ost und West, die Bindung, die Nähe, das Bewußtsein, zu ei-

ner gemeinsamen Nation zu gehören, auszutreiben"[36]. Als gemeinsame, selbstbewußte Nation sollte Deutschland auch in das vereinigte Europa gehen, was mit einer SPD-geführten Regierung, der "in diesem Bereich die Orientierung [fehlt]; dort herrscht eine dürftige Gefühlswelt vor", nicht möglich sei (ibid.).
Das für Merkel zentrale Anliegen der Leitkulturdebatte ist aber nicht die Formulierung einer Integrationspolitik, sondern die Normalisierung eines deutschen Selbstverständnisses:

> "Das Ziel [der Debatte, H.P.] ist ein Land, das selbstsicher ist, das im Bewußtsein seiner Vergangenheit offen, tolerant und neugierig ist und das sich in die Zukunft und in den Wettbewerb mit unseren Nachbarn in Europa und in der Welt aufmacht" (Merkel 2000f).

Merkel fordert hier, daß forsches und von nationalem Stolz getragenes Auftreten für die Bewahrung deutscher Interessen und deutschen Wohlstandes so legitim praktiziert und aufgefaßt wird, wie von anderen Nationen[37]. Merkel nutzt das Wort Vergangenheit so, daß sowohl das Dritte Reich als auch die Diktatur der DDR damit gemeint sein können. Damit werden zwei verschiedenartige Herrschaftssysteme miteinander verglichen und das NS-System verharmlosend an die Seite des der DDR gestellt. Vergangenheit bleibt zwar bewußt, ist aber "bewältigt". So kann eine von historisch begründeten moralischen Skrupeln oder kritischer historischer Selbstreflexion ungestörte Außenpolitik im Konkurrenzkonzert der anderen normalen Nationalstaaten möglich werden.
Auch der hessische Ministerpräsident Roland Koch bemühte sich eifrig um eine Einreihung Deutschlands in die europäische Normalität[38]. Er beklagt die Sinnkrise

---

[36] Merkels Sicherheit über das natürliche Zusammengehörigkeitsgefühl der deutschen Nation, bringt sie in wenig überraschende Nähe zum germanophilen Alain de Benoist, der meinte: "Die Wiedervereinigung Deutschlands wird kommen [...], weil die Völker Völker bleiben, und weil sie gegen die Zeit, manchmal sogar gegen die Geschichte Recht behalten" (Benoist zitiert nach: Christadler 1983: 191).

[37] In diesen Diskurs fällt auch die "Nationalstolz-Debatte", die durch den CDU-Generalsekretär Laurenz Meyer ausgelöst wurde, als dieser meinte, daß er stolz darauf sei, ein Deutscher zu sein (Meyer 2000).

[38] Hier findet ein parteiübergreifender Konsens statt. Auch Bundesaußenminister Fischer sieht als Hintergrund der Debatte "Identitätsschwierigkeiten", ist jedoch ganz zufrieden mit der deutschen nationalen Identität: "Zu dieser Debatte um die Leitkultur kann ich Ihnen nur sagen:

und das mangelnde Selbstbewußtsein Deutschlands im Verein der nationalbewußten "normalen" europäischen Staaten:

> "Wenn wir in Deutschland nicht mehr in der Lage wären zu sagen, daß die nationale Identität unseres Landes ein wichtiges Gut ist und daß Menschen sich in unserem Land wohl fühlen und auf unser Land stolz sein können, dann werden wir ein Problem haben im gemeinsamen Europa, in dem wir von selbstbewußten Nachbarn umgeben sind. Ein solches Selbstbewußtsein stünde auch uns gut zu Gesicht" (Koch 2001).

"Offen und normal und unverkrampft" sollten die Deutschen mit sich und ihrer Geschichte umgehen und mit dem Begriff der Nation und des Nationalstolzes endlich wieder "die Selbstverständlichkeit des Zusammenlebens eines Volkes ebenso [.] benennen", schließlich müßten "wir unsere Interessen formulieren und vertreten". Ohne die Orientierung, die die nationale Identität biete, "würde der Gang in ein gemeinsames Europa sehr viel schwieriger werden", so Koch (ibid.). Dieser Paralleldiskurs bezieht sich auf Nation und Vaterland. Sie sind Ausdruck der simplen Trennung in einen negativen Nationalismus und einen positiven Patriotismus, der geflissentlich übersieht, daß es gerade "vor dem Hintergrund der deutschen Geschichte und der Spezifik des deutschen Nationsverständnissees [..] keinen unproblematischen Bezug auf diese Begriffe" gibt (Heither und Wiegel 2001: 8). Das Grundgesetz wird als politischer Ausdruck von deutscher Kultur durch Heimat, Volk und völkischem Zusammengehörigkeitsgefühl abgelöst.

Warum wird aber dieser Diskurs geführt, während sich das Begriffsinstrumentarium für die Formulierung einer Einwanderungs- und Integrationspolitik immer mehr in einem europäischen Rahmen bewegt? Wie oben schon angedeutet, ist er zu verstehen als Versuch der Formulierung des Rechts auf kulturelle Identität auch

---

Nennen Sie mir ein anderes Volk, eine andere Nation in der Europäischen Union oder unter den Beitrittskandidaten, die sich innerlich so schwach fühlt, daß sie es nötig hätte, diese Debatte um die Leitkultur zu führen. [...]. Ich sage Ihnen: Nicht die Deutschen haben hier eine Schwäche, sondern die demokratische deutsche Rechte hat nach dem Ende des Kalten Krieges ein Defizit, in einem zusammenwachsenden Europa ihre eigene Identität zu definieren". Fischer sieht zwar die Sinnkrise nicht, dennoch aber das Positive und die Notwendigkeit nationales Selbstbewußtseins (Fischer 2000b).

für Deutsche. Dieser Schlüsselbegriff im neurechten, neorassistischen Diskurs dient hier vor allem der Normalisierung der deutschen Geschichte. Es wird allerdings nicht versucht, über die Einordnung in eine europäische Kultur die Schlußstrichdebatte elegant zu vermeiden und damit mit seinem offenen Nationalismus auffällt. Europa spielt nämlich kaum eine Rolle; ausschließlich bei der Einfügung Deutschlands in das europäische Nationenkonzert dient es als Bezugspunkt. Dennoch kann dieser Diskurs nicht einfach als Ausrutscher abgetan werden, sondern ist als Ergänzung für den sich vielleicht allzu sehr in einem in der Konservativen durchaus kritisch gesehenen Europa verlierenden Diskurs – deshalb ist er Ausdruck des Bemühens, auch konservativ-nationalistische Stimmungen zu stützen und bedienen.

ZUSAMMENFASSUNG

Die Leitkulturdebatte läßt sich in verschiedene ideologische Ebenen gliedern. Von einer völkischen Variante der deutschen Kultur, wie sie exemplarisch anhand der Äußerungen vor allem von Jörg Schönbohm dargestellt wurde, wandelte sich die deutsche Leitkultur zunächst in die Leitkultur in Deutschland – basierend auf europäischen Werten – und schlußendlich zu einer europäisch-abendländisch definierten Kultur als Integrationsmaßstab, die jegliche deutsche Spezifik abgelegt hatte. Je mehr sich die Verfechter einer verbindlich geltenden Kultur auf deutschem Staatsgebiet als Integrationsmaßstab auf europäische Werte der Aufklärung und der Moderne bezogen, desto offensichtlicher wurde, daß bestimmte Menschen aus bestimmten Kulturkreisen als unintegrierbar gelten. Auffällig ist, daß das Judentum nicht von allen Kräften in den Unionsparteien als Teil der Kulturgeschichte Europas angesehen wird – wiewohl es als Grundlage der europäischen Kultur im Müller-Papier genannt wird. Besonders wichtig sind die Konnotationen, die das Wortpaar deutsche Leitkultur trägt. So hat Friedrich Merz viel von Freiheit und Verfassungspatriotismus gesprochen, um den Inhalt dieser deutschen Kultur zu definieren, doch vor allem transportierte die Wortschöpfung Leitkultur den Anspruch auf Hegemonie und das Verlangen nach unterordnender Assimilation.
Die Forderung nach Übernahme deutscher Gepflogenheiten und ähnlichem beweist, daß ImmigrantInnen nicht einfach Staatsbürger werden können, sondern permanent beweisen müssen, daß sie in der Ordnung sind, um an der Gesellschaft

teilhaben zu können. Die Forderung, daß Einbürgerung erst nach der gelungenen Integration stehen dürfe, verdeutlicht diese "moralische Bekenntnis- und Nachweispflicht" (Henning 2000: 22). Eike Henning zitiert nicht zu sehr überspitzend aus dem Reichsbürgergesetz von 1935: "Reichsbürger ist nur der Staatsangehörige deutschen oder artverwandten Blutes, der durch sein Verhalten beweist, daß er gewillt und geeignet ist, in Freude dem Deutschen Volk und Reich zu dienen" (RGBl 1935 I, S. 1146 zitiert nach: Henning 2000: 22).

Die Entwicklung der Debatte – auch in ihrem asylbewerber- und flüchtlingsfeindlichen Inhalt – entspricht in weiten Teilen den theoretischen Vorgaben des Schöpfers des Wortes Leitkultur, Bassam Tibi. Dieser beruft sich auf die europäische Aufklärung beziehungsweise die kulturelle Moderne als ihrer guten Seite und lehnt eine ethnisch definierte deutsche Kultur ab. Doch nicht nur sein Ethnizitätsbegriff ist statisch – wie seine Aussagen zum "Arabertum" und "Deutschtum" belegen – auch seine Vorstellung von Kulturräumen, die europäische Zivilisation eingeschlossen, unterliegt einem essentialistischen und partikularistischen Verständnis von Kultur Herderscher Provenienz. Auch wenn Tibi in aufklärerischem Tonfall fordert, daß der nichteuropäischen Welt Bedeutung und Wert der Menschenrechte beigebracht werden müsse, ist Leitkultur für ihn nicht eine "ausschließlich politische Kultur", wie Ammann, Heither und Schäfer ihm wohlwollend zugestehen (Ammann, Heither und Schäfer 2001: 52). Die europäische Zivilisationszugehörigkeit ist nicht erwerbbar; abgesehen von Einzelfällen kann die zivilisatorische Hürde nicht übersprungen werden. Tibis Bezug auf Huntingtons Clash-These und die Anwendung der Despotismuskategorie machen seine Ansicht über die absolute Differenz vor allem zwischen Europa und dem Rest der Welt nur noch deutlicher.

Wie hoffentlich in ausreichendem Umfange gezeigt, entsprechen sich Tibis Kulturbegriff und der von der CDU in der Müller-Kommission entwickelte weitestgehend. Die Motivation der CDU und ihres wissenschaftlichen Stichwortgebers Tibi für das Führen der Leitkulturdebatte speist sich ohnehin aus der selben Quelle der Ablehnung von "parasitären" Armutsflüchtlingen, nicht-effizienten Familiennachzüglern und Asylmißbrauchern[39] und aus der Angst vor „anderen Kulturen", die

---

[39] Vgl. CDU 2001, 2.2.2. und 3.3.1: Dort wird vom überwiegenden Mißbrauch des Asylrechts durch die Bewerber, respektive von der Einwanderung in die Sozialsystem gesprochen.

den Wohlstand – nach Tibi ausdrücklich auch der in der BRD erfolgreichen – ImmigrantInnen durch Migration bedrohen. Auch in der Suche nach einem Weg aus der vorgeblichen deutschen Sinnkrise überschneiden sich Tibis Vorstellungen von der Bewältigung der Holocaustbeschädigten nationalen Identität Deutschlands und dem Normalisierungsdiskurs der CDU. Tibi fordert nur offener und wenig dezent ein Ende der "selbstzerfleischenden" Schuldverarbeitung, damit eine neue europäische Identität für die Deutschen entstehen kann, der auch ImmigrantInnen Respekt entgegenbringen (Tibi 2002b).

Das Verschwinden des Begriffs der deutschen Leitkultur hat verschiedene Ursachen. Zweifelsohne hat die Kritik an der Wortkombination und dem Attribut deutsch, die aus vielen gesellschaftlichen Bereichen kam, dazu beigetragen. Vor allem Wirtschaftssprecher, die eine pragmatische Zuwanderungspolitik fordern und dabei explizite Assimilationsforderungen als eher hinderlich für ökonomisch nützliche Einwanderung zuallererst von Spitzenkräften ansehen[40] und die frohlockende Zustimmung altrechter Parteien wie Die Republikaner[41] haben zum Sinneswandel der CDU-Strategen geführt.

Die Einsicht, daß die Regelung beziehungsweise die Förderung von Einwanderung vor allem von sog. hochqualifizierten Arbeitskräften der deutschen Wirtschaft, dem von (Aus-)Bildungskosten entlasteten und von Steuereinnahmen profitierenden Staat zu gute kommt, ist eine "Verschiebung im politischen Koordinatensystem" (Hentges 2000: 4). Einwanderung wird nicht mehr als solche in Frage gestellt, sondern die Einwandernden nach utilitaristischen Kriterien beurteilt. Dabei geht es nicht so sehr um ihre Einpassung in eine angebliche deutsche Mehrheitskultur als darum, sie auf ihre Arbeitskraft zu reduzieren und sie als Staatsbürger nicht in Erscheinung treten zu lassen.

Darüber hinaus war das Wortpaar nicht dazu geeignet, einen erfolgreichen Normalisierungsdiskurs zu bestreiten: Wie der Vorsitzende des Zentralrates der Juden

---

[40] So meinte Hans Peter Stihl, Präsident des Deutschen Industrie- und Handelstages, daß die Green-Card-Regelung "ein deutlicher Fortschritt gegenüber der starren Einwanderungspolitik vergangener Jahre" sei. Der damalige BDI-Chef Hans-Olaf Henkel empfahl sich beim Thema Zuwanderung zurückzuhalten (Henkel 2000).

[41] Auf ihrem Parteitag am 19.11.2000 bekannten sich die Republikaner zur "deutschen Leitkultur" mit dem Hinweis, daß so "die schwerwiegenden Probleme der Deutschen" zum Ausdruck gebracht würden (Republikaner 2000).

Deutschlands, Paul Spiegel, am 9. November 2000 auch vor führenden CDU-PolitikerInnen anschaulich und öffentlichkeitswirksam die gerade angesichts der jüngeren deutschen Geschichte zweifelhafte Einheit von Demokratie, Menschenrechten und deutscher Kultur ansprechend sagte:

> "Was soll das Gerede um die Leitkultur? Ist es etwa deutsche Leitkultur, Fremde zu jagen, Synagogen anzuzünden, Obdachlose zu töten? Geht es um Kultur oder um die Wertvorstellungen der westlich-demokratischen Zivilisation, die wir in unserem Grundgesetz fest verankert haben? [...] Meine Damen und Herren Politiker: Überlegen Sie, was Sie sagen, und hören Sie auf, verbal zu zündeln" (Spiegel 2000).[42]

Zu sehr war deutsche Leitkultur verknüpft Überlegenheitsgehabe, deutschem Wesen und rassistischem Wesen, so daß ihr schlußendlich ersatzloses Streichen als eine gelernte Lektion aus den umstrittenen und als gescheitert zu bewertenden Schlußstrichdebatten der Vergangenheit gewertet werden kann.

---

[42] Die Reaktionen waren heftig. So warf der CDU-Bundestagsabgeordnete Martin Hohmann Spiegel eine "schlimme Entgleisung" vor und meinte, daß er Spiegel ja im Gegenzug auch nicht unterstelle, daß er die Verantwortung dafür trage, "daß beim letzten Racheakt der israelischen Armee zwei unschuldige Frauen getötet wurden" (Hohmann 2000). Damit greift Hohmann das antisemitische Thema des nichtdazugehörigen Juden auf, der Teil einer internationalen Verschwörung ist, indem er Spiegel als bundesdeutschen Staatsbürger in Verbindung mit den Aktionen der israelischen Armee bringt. Weitere Vorwürfe reichten von "den Begriff Leitkultur gründlich mißverstanden" (Koch 2000) bis Michael Glos' (CSU) Bezeichnung von Spiegels Rede als „überspitzten Vorwurf" (ibid.), was dem Vorwurf eines "überspitzten jüdischen Intellektualismus" gleichkommt (Zimmermann 2000). Außerdem warf Peter Müller Spiegel indirekt vor, durch seine Äußerung mitschuldig an fremdenfeindlichen Übergriffen zu werden, indem Müller bedauerte, daß Spiegels "Polarisierung" den Zweck der Veranstaltung – "über alle Parteigrenzen hinweg ein Zeichen gegen Rechtsradikalismus und Fremdenfeindlichkeit" zu setzen – geschadet habe (Müller 2000c).

NEORASSISTISCHE ELEMENTE DER LEITKULTURDEBATTE

Im ersten Teil wurde über Definitionen von Rassismus, Kulturrelativismus, der Nouvelle Droite und der neokulturalistischen Theoriepolitik der Vertreter des Paradigmas des Kriegs der Zivilisationen der Weg zu einer neorassistischen Theoriebildung nachvollzogen. Nachdem im zweiten Teil die Debatte in ihrem inhaltlichen Verlauf aufgezeigt worden ist, wird nachfolgend mit Hilfe der von Taguieff erarbeiteten Operationen des Neorassismus die Leitkulturdebatte als dem neorassistischen neurechten Diskurs zugehörig identifiziert. Im Folgenden wird von der vorläufig letzten Phase, in deren Verlauf die immigrationspolitischen Gesetzesvorschläge der Unionsparteien veröffentlicht wurden, gesprochen.

Kultur ist der Kernbegriff aller migrationspolitischen Vorschläge – ob bei Süssmuths Vorschlägen, im Müller-Papier oder im Zuwanderungsgesetz, das am 20.6.2002 vom Bundespräsidenten unterschrieben wurde. Schwierigkeiten bei der Integration von nicht-europäischen Menschen werden fast durchgängig mit kulturellen Differenzen erklärt, während auf sozioökonomische Erklärungsmöglichkeiten verzichtet wird. Da die Kulturen abgeschlossene Gebilde sind, wird ihnen qua des Postulats der Bedrohung durch Mitglieder anderer Kulturen eine seit langem bestehende Reinheit implizit zugeschrieben. Mark Terkessidis irrt, wenn er meint, daß in der Leitkulturdebatte die Vorstellung von einer in sich geschlossenen, unsichtbaren, substantiellen kulturellen Gemeinsamkeit – einer Identität – zugunsten einer "im Fluß" befindlichen Kulturvorstellung aufgegeben wurde, nur weil die Bedrohtheit des Eigenen in den einwanderungspolitischen Papieren immer wieder postuliert wird. Schließlich wird als Folge eines übermächtigen Fremdeinflusses nicht das Entstehen einer neuen Kultur angenommen, sondern das Ende der eigenen (Terkessidis 2002: 32). Das Gerede von deutschen Bräuchen und Gepflogenheiten suggeriert eine authentische, in Traditionen festgefügte Originalität, die als solche schützenswert sei. In der Ablehnung von Mischung und der Unbehaglichkeit gegenüber Assimilation von MigrantInnen schwingt das Element des Neorassismus mit, das sich auf den Antisemitismus als "inneren Rassismus" (Balibar 1993: 65) beziehen kann. Anscheinend ist dieser in auch in Deutschland auf einen fruchtbaren Boden gefallen:

> "Neorassismus ist gerade in Deutschland dasjenige politische Projekt, das den Widerspruch zwischen dem Wunsch, den Nationalismus als politisches Integrationsinstrument zu erhalten und dem Problem, gemeinschaftliche Beziehungen in sich zunehmend differenzierenden Gesellschaften zu regeln, überwinden soll" (Castles 1991: 131).

Überlegenheitspostulate tauchen in den offiziellen Verlautbarungen bei keiner Partei auf; auch die CSU spricht kaum von einer den anderen Kulturen überlegenen Moderne. Dennoch ist die Vermischung zweier Kulturen offensichtlich nicht wünschenswert, andernfalls ist das Warnen vor dem Verfall der deutschen nationalen Identität durch Einwanderung und Parallelgesellschaften nicht zu verstehen. Immer wieder wird das Recht der Deutschen auf Bewahrung ihrer kulturellen Identität auch im Zeitalter der Migration gefordert und damit so getan, als ginge von einer angeblich herrschenden unreglementierten Immigration eine Gefahr kultureller Art für die Mehrheitsbevölkerung aus. Hier wird eine Phobie vor dem Aufgehen im "multikulturellen Einheitsbrei" (Haider 2000) – oder wie es Michael Wiesberg in der jungen freiheit formulierte: "die völkerzerstörende Nacht des ethnischen Todes" (Wiesberg 2000) – deutlich. Das deutsche Volk wird als ein von außen bedrohtes Kollektiv dargestellt; die Bedrohung ist um so perfider, als daß sie nicht kriegerischer Art ist, sondern durch Einwanderung von Fremden geschieht, die sich – wenn überhaupt – nur äußerlich deutschen Gepflogenheiten anpassen, innerlich aber ihre Identität bewahren und dadurch zersetzend auf die deutsche Kultur wirken: "Der Begriff der Leitkultur klingt selbstbewußter, als er gemeint ist. Denn die Leitkultur sollen wir uns nicht als eine immer noch leitende, sondern als eine schon gefährdete vorstellen" (Jessen 2000). Parallel zur Schürung der Angst vor Unterwanderung durch Einwanderung wird aber auch niemand müde, das Recht auf kulturelle Eigenständigkeit der ImmigrantInnen zu betonen.
Taguieffs Beobachtung, daß neorassistische Äußerungen vor allem durch Konnotiertes funktionieren, manifestiert sich in der Leitkulturdebatte auf besondere Wei-

se. Wie schon oben beschrieben, hat sich Merz in seinem Postulat der freiheitlichen deutschen Leitkultur explizit auf Verfassungspatriotisches bezogen. Viel wichtiger war aber der mitlaufende Subtext dieser Wortpaarung, der Anpassungsforderung und Hegemonieanspruch der "deutschen Kultur" formulierte. Zwar beklagten sich Befürworter der Leitkultur über solchermaßen lautende angebliche Fehlinterpretation oder böswillige Unterstellungen, doch muß die Anwendung eines solchen Wortpaares unweigerlich und vorhersehbar diese Konnotationen hervorrufen und Bezüge auf einen ohnehin schwammigen Verfassungspatriotismus überlagern. Die Leitkulturdebatte war also ein bewußt eingesetztes Mittel, um Dinge anzusprechen, die unansprechbar scheinen: Territorial bestimmtes Primat der deutschen Kultur, Assimilationsforderungen und Nützlichkeitserwägungen. All diese Aussagen wurden aber interessanterweise kaum durch Befürworter des Leitkulturdiskurses gemacht, sondern durch seine Kritiker. PolitikerInnen der Unionsparteien haben lediglich – wie auch Bassam Tibi – gebetsmühlenartig gefordert, daß man Tabus – eben die der "Ausländerpolitik", des "Asylmißbrauchs" und des "Migrantenzustroms" – brechen müsse, um pragmatische Realpolitik betreiben und um "Ängste in der Bevölkerung" ansprechen zu können (Tibi 1998: 198). Doch bedeutet hier das Brechen von angeblichen Tabus nicht, bisher Unangetastetes, Heiliges anzusprechen – wer wollte spätestens nach dem Asylkompromiß von 1993 oder angesichts der im europäischen Vergleich äußerst repressiven deutschen Ausländergesetzgebung behaupten, diese Themen seien tabu – sondern soll Ressentiments und stereotypes Denken animieren. Diese Strategie sollte die öffentlich geltende Mehrheitsmeinung als bloßes Resultat von Political Correctness und Meinungspolizei darstellen und die eigene oppositionelle Haltung als unterdrückte Wahrheit erscheinen lassen, die "auszusprechen ein Akt der Zivilcourage und Ausdruck eines unabhängigen Geistes ist" (Frank 1996: 25). Wie Friedemann Schmidt überzeugend darstellt, ist es keine Übertreibung, auch in der bundesdeutschen Neuen Rechten die Taktik des Tabubruchs und die Kritik an am "linken Meinungsterror" der Political Correctness wiederzufinden (Schmidt 2001: 181). Fazit ist, daß die erarbeiteten Operationen des Neorassismus in der Leitkulturdebatte auftauchen. Auch das Vokabular ist ein neurechtes: Wer, wie die CDU, von Asylmißbrauch (CDU 2001: 3.3.1.), unbegrenztem, die Arbeitsplätze von "Deutschen" gefährdendem "Zustrom" (ibid.: 2.2.1.) in die Sozialsysteme (ibid.: 3.3.1.)

spricht und sagt, man könne durch Zuwanderung nicht das Elend der Welt lösen[43], malt nicht nur Szenarien an die Wand, die jeglicher Realität entbehren und den Zusammenhang von Wohlstand in der BRD und Armut in der "Dritten Welt" verschweigen, sondern nimmt damit Vokabular der Neuen Rechten auf. Somit hat die neorassistische Ideologie der Neuen Rechten den Weg in Politikvorschläge einer großen konservativen Partei gemacht – und nicht nur dort, denn schließlich unterschied sich das in seinen Ausführungsbestimmungen bewußt vage gehaltene rotgrüne Einwanderungsgesetz kaum von den Vorschlägen der Unionsparteien[44]. So kann man sogar davon sprechen, daß die beschriebene Metapolitik erfolgreich war, indem sie neurechtes Gedankengut in der Mitte der Gesellschaft etabliert hat (Butterwegge und Häusler 2001: 12).

---

[43] "Durch die Aufnahme einzelner Armutsmigranten [kann] kein wirksamer Beitrag zur Bekämpfung von Not und Armut auf der Welt geleistet werden. Im Rahmen eines auch an nationalen Interessen orientierten migrationspolitischen Gesamtkonzeptes ist für die gezielte Aufnahme von Armutswanderern und Wirtschaftsflüchtlingen kein Raum. Statt dessen ist die Bekämpfung von Fluchtursachen zu intensivieren. Zuwanderungs- und Entwicklungspolitik sind eng miteinander zu verbinden" (CDU 2001: 2.2.2.).
[44] Die Integrationsmaßnahmen sehen für MigrantInnen einen "Integrationskurs" vor, der Angebote umfaßt, die "Ausländer an die Sprache, die Rechtsordnung, die Kultur und die Geschichte in Deutschland heranführen", damit sie ohne "die Hilfe oder Vermittlung Dritter alle Angelegenheiten des täglichen Lebens selbständig" regeln können vor (Bundesregierung 2002: §43.2). Anspruch auf die Teilnahme an einem Kurs haben MigrantInnen mit einer Aufenthaltserlaubnis für Erwerbszwecke, die Mitglieder einer Familienzusammenführung, Halter eines humanitären Aufenthaltstitels und eines ohne Bindung an einen Aufenthaltszweck, wenn er einen Daueraufenthalt von über einem Jahr vorsieht (ibid. §44). Alle diejenigen, die sich unter diesen Umständen in der BRD aufhalten und sich nicht in deutscher Sprache einfach verständigen können, sind zur Teilnahme verpflichtet (ibid. §45).

III. DIE FUNKTION DER LEITKULTURDEBATTE

Nachdem nun die Leitkulturdebatte als eine neorassistische im Sinne obiger Definition identifiziert wurde, soll in diesem Abschnitt die politische und ökonomische Funktion der Leitkulturdebatte dargestellt werden. Warum wurde die Debatte angestoßen, welche Funktion übt sie als deutsche Variante der neorassistischen Ideologie des Clash of Civilisations aus? Wieder gibt es verschiedene Dimensionen: die Konstruktion der eigenen kollektiven Identität in Zeiten von Migration and ökonomischen Wandel und deutsche Normalisierungbemühungen.

Die Leitkulturdiskussion ist untrennbar mit verstärkten Migrationsbewegungen und der sich damit immer deutlicher als fiktiv erweisenden homogenen nationalen Gemeinschaft verbunden – diese Auflösung der vorgestellten Gemeinschaften äußert sich in "Ausländerfeindlichkeit" und eben in der lauten Postulierung einer allgemein verbindlichen Kultur durch staatstragende politische Parteien. Dabei werden Fragen über Integration unter dem Schlagwort Leitkultur neu und restriktiver verhandelt, da sich Integration am Selbstbild einer Wir-Gruppe zu orientieren hat, die selber bestenfalls duldende Toleranz ohne Akzeptanz erbringt. In dieser Ausgrenzungsdebatte, die wie MdB Katrin Göring-Eckardt von Bündnis 90/Die Grünen richtig erkannte, durch die Diskussion um den Inhalt von deutscher Kultur lächerlich gemacht wurde, um vom tatsächlichen Gehalt abzulenken (Göring-Eckardt 2000), wurde nach den Bedingungen gesucht, unter denen man trotz der obsolet werdenden abstammungsrechtlichen Definition des Deutschseins eine Gleichstellung mit den Einheimischen beziehungsweise. vielmehr eine Ausgrenzung weiter legitimieren konnte. Es sollte auch ein zweckmäßigerer Umgang mit ImmigrantInnen gefunden werden. Dafür wurde die Leitkultur erdacht, die Gewohnheiten vorschreiben will, durch die ‚wir uns' gegenüber den Anderen in der Einrichtung des kapitalistischen Lebens in Deutschland auszeichnen. Das Bedürfnis wurde von einer im Nationalstaat verorteten politischen Partei aufgebracht, die von diesem Staat erwartet, daß er eine sich legitimierende theoretische wie praktische Sortierung der Eigenen von den Anderen vornimmt.

Leitkultur erhält gegenüber der abstammungsmäßigen Gleichung eine ideologische Öffnungsklausel: Sie schließt die Vorstellung ein, daß man sie als Ideal der

Anpassung begreift, dem man sich unterordnet und sich aneignet. "Hierbleiben dürfen" ist eine Anpassungsleistung, ein Entgegenkommen der Mehrheit durch Fallenlassen des Verdachts, eigentlich doch anders zu sein. Oberndörfer hat recht, wenn er sagt, daß "vor dem Hintergrund tief sitzender Ängste vor ‚Überfremdung' der deutschen Kultur durch weitere Zuwanderung [.] die Geltung der deutschen Kultur als Leitkultur gefordert" wurde, derer sich die Ausländer anzupassen hätten, denn andernfalls bleibt ihnen der Zugang in die BRD verwehrt. Folge ist, daß jeder und jede Deutsche - nicht als Polizist oder Gesetzeshüter, sondern einfach als Deutsche/r - nun legitimiert ist, bei dauerhaften Aufenthalt anstrebenden MigrantInnen Unterschiede im Anpassungsgrad und im Willen, sich als nützlich zu erweisen, auszumachen.

Die Unionsparteien haben sich in ihren schlußendlichen integrationspolitischen Forderungen von der Idee der Assimilation offiziell distanziert; jede Kultur solle ihre Identität bewahren können, wenn sich ihre Mitglieder bestimmten "gewachsenen" – das Organische an der europäischen Kultur wird immer wieder durch die Werte aus Antike, Judentum und Christentum betont – kulturellen europäischen Kernwerten- und Normen anpaßt. Ein Integrationsbegriff, der vor allem Verfassungsachtung, Gesetzestreue und Beherrschung der Landessprache beinhaltet, was für einen Autor der Konrad-Adenauer-Stiftung nicht mehr ist als die Voraussetzungen eines "sagen wir mal, geglückten touristischen Aufenthalts in der Toskana" (Löffler 2001: 25), wird abgelehnt; er ist nur oberflächlich. Löffler definiert auch – und klarer als dies in den Unionspapieren oder dem Einwanderungsgesetz von SPD und Bündnis90/Grünen ausgedrückt wird – was diejenigen zu erwarten haben, die sich nicht an eine "Nationalkultur" assimilieren wollen: "Ohne dieses Zusammenhaltsgefühl gibt es keine gesellschaftliche Solidarität, keine gemeinsamen Ziele, keine wirkliche Demokratie". Dies bedeutet nichts weniger als die Androhung sozialen Ausschlusses, der Aufkündigung jeglicher sozialer Unterstützung von denjenigen, die nicht das "Bewußtsein der Zusammengehörigkeit, das sich auf die Gesellschaft und das Land bezieht", teilen. Diese haben nichts von der national definierten Solidargemeinschaft zu erwarten – da helfe auch der "sterile[n] Verfassungspatriotismus" nichts (ibid.: 33).

Eine Facette der Leitkultur ist die ideologische Selbstvergewisserung der Deutschen, die bislang einen anderen Glauben bezüglich ihrer deutschen Identität gewöhnt sind – den der Abstammungsgemeinschaft des Ius Sanguinis. Diese, wie die

FAZ schreibt, "Inländerfrage" – also die des Wesens der deutschen Leitkultur – könne nicht ohne die der "Ausländerfrage" beantwortet werden. Die Behandlung der als fremd konstruierten Anderen ist abhängig von einem stabilen Selbst und der für die Respektierung durch die Andren nötigen Selbstachtung – Elemente, die auch in Tibis und de Benoists Schriften zu finden sind.
Die Suche nach inneren oder äußeren Feinden, nach heterogenen Elementen, hat stets die "ideologische Vergemeinschaftung und Homogenisierung des eigenen Kollektivs zum Ziel" (Schulte 1990: 7). Die Ablehnung einer multikulturellen Gesellschaft ist keine vornehmlich kulturelle Frage, sondern es handelt sich um einen herrschaftsstabilisierenden Diskurs. Kultur als Aufhänger und Legitimationsmuster dieser Konsensstiftung qua einer mit einer breiten Kampagne angestoßenen Diskussion um kulturelle Identität dient der Entrechtlichung und Verdrängung von MigrantInnen, ihrer Einzwängung in die Gruppe mit dem Merkmal "anders". Darüber hinaus vermittelt kulturelle Zugehörigkeit den diskursiv Eingeschlossenen die falsche Sicherheit ihrer Gemeinschaft gegen die realen Unsicherheiten der Welt und bedeutet einen Verlust des Gesellschaftlichen, weil sie Einheit auf einer fiktiven Substanz der einst blutsmäßigen – nun kulturellen – Verbundenheit suggeriert. Denn die Ursachen für Ängste der sich als mehrheitliches Kollektiv Verstehenden liegen einerseits in gesellschaftlichen Prozessen und Strukturen, die sich auf bestimmte Bevölkerungsgruppen verunsichernd oder negativ auswirken und zum anderen in den Aktivitäten und Einflußnahmen gesellschaftspolitischer Gruppen, Institutionen und Medien, die diese Ängste aufgreifen, verstärken und so (mit)produzieren. Die Folge ist die Ablenkung von den realen Ursachen dieser Ängste und die Personalisierung der Ursachen mit als anders konstruierten Gruppen. Darum soll es im nächsten Abschnitt gehen.
Die Leitkulturdebatte hatte die Funktion, Menschen, die nicht "in der Ordnung" sind abzuschieben – sozial und politisch oder physisch – um so die Deutschen in einem Konsens gegen unbestimmt-bestimmte Gruppen Nicht-Deutscher zu integrieren. Hintergrund dieser diskursiven Festigung einer als nationale Mehrheit konstruierten Gruppe sind die seit Mitte der 80er Jahre, spätestens aber seit 1990, ungehemmt zunehmenden sozialen Umverteilungen und der sich beschleunigende Abbau der wohlfahrtstaatlicher Regelungen. Die für die Mehrheit der Menschen spürbaren Folgen dieser Veränderungen werden in eine Ablehnung von Fremden kanalisiert. Mit dem Niedergang des Denkens in sozialen Kategorien können in

das so "entstandene historisch-politische Vakuum gemeinschaftsstiftende Ideen, nationalistische Ideologien und sozio-biologische Argumentationen" einfließen (Ammann et al 2001: 15). So können Nationalstolz, nationales Selbstverständnis und die Angst vor dem sich auch im Inneren vollziehenden Clash of Civilisations soziale und politische Gegensätze der eigenen Gesellschaft verschleiern und Ausgrenzungsstrategien- und Praktiken legitimieren. Simultan zur Verschiebung des sozialen Gefüges und ihrer diskursiven Verschleierung mit eine Debatte zur kulturellen Einheit wird aber eben diese Einheit aufgrund weltweiter Migrationsbewegungen und der Entmachtung des Nationalstaats real immer mehr zu einer Fiktion: Während auch durch Debatten wie die um die Leitkultur Lebensbedingungen von MigrantInnen (Anti-Multikulturalismus, Anpassungsdruck an Mehrheitsidentität) und legale Migration (Nützlichkeitserwägungen) erschwert werden, wird auf der anderen Seite in neoliberaler Marktlogik die freie Mobilität von Ware und Arbeit eingefordert. Dieses scheinbare Paradox soll anhand eines Beispiels aus den USA geklärt werden, so daß damit auch die eingangs behauptete Verknüpfung der Leitkulturdebatte mit einer durch das Paradigma des Clash of Civilisations popularisierten globalen Kulturalisierung des Politischen untermauert wird.

Im November 1994 sollte nach einer zunächst erfolgreichen, später aber wegen Verfassungswidrigkeit abgelehnten, rassistisch motivierten Volksabstimmung Proposition 187 allen illegalen ImmigrantInnen in Kalifornien das bis dahin bestehende Recht auf anonyme soziale und medizinische Hilfe verwehrt werden. Zu Anfang des selben Jahres trat Mexiko der bis dahin aus den USA und Kanada bestehenden North American Free Trade Area (NAFTA) bei, die Teil der "neoliberalen [...] aggressiven Marktöffnungspolitik im Rahmen unilateraler und regionalistischer Initiativen war" (Hummel und Menzel 2000: 388). Der Zusammenhang dieser beiden Ereignisse ist folgender: Während die Proposition 187 zwar die Entrechtung und Marginalisierung illegalisierter MigrantInnen förderte – die in Kalifornien wohl zum größten Teil aus dem gerade ökonomisch nähergerückten Mexiko stammen dürften – und für sie als Abschreckungsinstrument gegen illegale (Arbeits-)Zuwanderung geworben wurde, gab es keine verschärften Strafen für die Beschäftigung illegaler MigrantInnen (Takacs 1999: 592). Für Stacy Takacs ist deshalb augenscheinlich, daß solchermaßen eine Anpassung an ökonomische Belange vorgenommen wurde (ibid.: 605), da Migration und die flexible Zurverfügungstellung von Arbeitskräften Wesenszüge der modernen Ökonomie sind. Ihre

These lautet, daß ein Anti-Immigrationsdiskurs auf symbolischer Ebene daran arbeitet, eine kohärente nationale Identität als Antwort auf die soziale und psychische "alien-nation" durch Migration zu konstruieren, während sich im Zuge der ökonomischen und politischen Globalisierung der Nationalstaat mit seinen alten Funktionen auflöst (ibid.: 591). Während eine neoliberale Wirtschaftspolitik durchgesetzt wird, in deren Zuge der Nationalstaat an Einfluß verliert, wird diskursiv die Folge dieser Politik auf die hegemoniale nationale Kultur bekämpft. Die Ideologie des Rassismus verschleiert die Realitäten der Globalisierung wie kulturelle Hybridisierung durch Migration, die Takacs als Vergewaltigung des Nationalkörpers bezeichnet (ibid.: 603). Zwar ist der Nationalstaat noch die vorherrschende Form des Akteurs in der Internationalen Politik, doch hat der "historische Erfolg des Nationalstaats die Bedingungen für seine weitere Vorherrschaft untergraben und ihn zu einem Hemmnis für die zukünftige Entwicklung" des Kapitalismus gemacht (Castles 1991: 130). Angesichts der wachsenden weltwirtschaftlichen Integration, also der Vereinheitlichung des Weltmarktes durch die Entstehung von transnationalen Unternehmen (TNC) und supranationalen Gebilden wie der EU verliert der Nationalstaat immer mehr Ordnungskompetenzen an supranationale Akteure (Habermas 1999: 49).

Takacs bezeichnet das seit 1989 beobachtete Wiederauftauchen von rassistischen Exklusionsdiskursen als kontinuitiv zur klassischen rassistischen Politik des Nationalstaates. Allerdings besteht dort gleichzeitig eine Inkontinuität, da dieses Wiederauftauchen unter anderen ökonomischen und politischen Bedingungen als zur Blüte des Nationalstaates passiert. Doch kann ein Anti-Immigrationsdiskurs nationale Grenzen wiederherstellen und stabilisieren, die im selben Moment durch supranationales Geschehen aufgelöst werden, so daß das Bild vom stabilen Nationalstaats aufrechterhalten und die alien-nation durch Migration diskursiv ausgeblendet werden kann (Takacs 1999: 592). Einwanderer werden durch ihre Illegalisierung oder politische Marginalisierung aus dem öffentlichen Leben ausgeschlossen, damit praktisch unsichtbar gemacht. So können sie nicht die Fiktion der nationalen Homogenität stören und lassen keine Zweifel bezüglich der kulturellen Loyalität der Bevölkerung aufkommen, denn letzten Ende ist die Loyalität nicht parteipolitisch oder klassenmäßig strukturiert, sondern bewegt sich entlang der gemeinsam geteilten Kultur (ibid.: 608). Der oben beschriebene Prozeß läßt sich auch in der BRD finden; die Leitkulturdebatte hat ihr Äquivalent im Populismus der Proposition 187, die nach den Worten des Republikaners und ehemaligen Präsidentschaftskandidaten Pat Buchanan die Einwanderung stoppen sollte, damit alle nicht-WASPs Zeit hätten, "einander und die weiße Mehrheit" kennenzulernen (ibid.: 602); auch hier also das Thema der Integration von "Fremden", die auf den nationalen Körper störend einwirken.

Welche ökonomische Funktion wohnt der Einwanderung von Arbeitskräften inne? Nach Wallerstein schuf Arbeitsmigration im Nachkriegseuropa der Dekolonisation wie auch in den USA polyethnische Hierarchien, "analogous to similar hierarchies which had existed in European colonial empires before the war" (McNeill 2000: 1837). Diese ethnisierte Arbeitskraft ist ebenso wie die sexuell differenzierte Arbeitskraft funktional für die kapitalistische Ökonomie (Hall 1989: 915). Für den speziellen Fall der Leitkulturdebatte gilt, daß sie den Versuch darstellte, den Fokus von sozioökonomischen Bedingungen auf die Kultur zu verlagern:

> "Während die Leitkultur-Debatte für das interessierte Publikum aufwendig als Kulturdebatte inszeniert wird, handelt es sich im Kern um eine Debatte, in der das Verhältnis zwischen nationalen ökonomischen Interessen Deutschlands und Ausländer-, Asyl- und Flüchtlingspolitik neu bestimmt wird" (Hentges 2000: 4).

Hieß es vor einem Jahrzehnt noch "Das Boot ist voll" so ertönt jetzt der angstvolle Schrei "Das Boot wird leer"[45]. Die Debatte um nationale Identität ist nun eine relativ offene wirtschaftspolitische Debatte geworden, in der Einwanderung von "Qualifizierten" und "Höchstqualifizierten" (CDU 2001: 3.1.; Bundesregierung 2002: §19.2) als nützlich erkannt worden ist. Aus der "Niederlassung der Dritten Welt in Europa" (Blaschke und Greussing 1980), also Armuts-, Flüchtlings- und Unqualifiziertenmigration soll eine der Nützlichen werden. So hat Ralf Fücks (Bündnis90/Die Grünen) recht, wenn er meint, daß in der Wirtschaft heute "nationale Borniertheit schlicht geschäftsschädigend" sei (Fücks 2000). Jedoch: Der ständige Hinweis auf demographische Veränderungen, die – glaubt man manchen

---

[45] So versuchte auch Der Spiegel das Problem des scheinbar bald menschenleeren Deutschlands beziehungsweise den Zusammenbruchs des Sozial- und Rentensystems unter dem Titel "Raum ohne Volk?" zu thematisieren und drehte damit eine Nazi-Parole um (Der Spiegel 43/2000, S. 42).

UnionspolitikerInnen[46] – zu einem Aussterben der Deutschen und zur Unbezahlbarkeit des Sozialsystems führen, um Einwanderung zu rechtfertigen, ist nur ein Vorwand. Man will "ökonomisch sinnvolle" Einwanderung legitimieren, Schon jetzt sind MigrantInnen notwendiger und integrierter Bestandteil des bundesdeutschen Arbeitsmarktes und der Betriebe (Schulte 1990: 8) – allerdings deutlich in der oben genannten ethnisierten hierarchisierten Arbeitsteilung. In dieser wird der Arbeitsmarkt durch ImmigrantInnen beziehungsweise deren Nachfahren unterschichtet, indem geringe Qualifikation erfordernde Tätigkeiten, Tätigkeiten mit geringem Prestigewert und schlecht entlohnte Tätigkeiten durch sie übernommen werden. Dies bedeutet für die alteingesessene Arbeitnehmerschaft sowohl den Vorteil eines ökonomischen wie sozialen Aufstiegs, als auch ein Gefühl der Bedrohtheit eben durch die Unterschichtung.

Kann man deshalb von der Schaffung einer industriellen Reservearmee in Form einer Ethnisierung von eingewanderten Arbeitskräften sprechen? Nach Marx ist das Interesse an einer flexiblen industriellen Reservearmee – der "relativen Überbevölkerung" (Marx 2001: 579) – notwendiges Produkt der Akkumulation von Kapital. Und Migration ist die Möglichkeit, diese Arbeitskraft zur Verfügung zu stellen: "Der kapitalistischen Produktion genügt keineswegs das Quantum verfügbarer Arbeitskraft, welches der natürliche Zuwachs der Bevölkerung liefert. Sie bedarf zu ihrem freien Spiel einer von dieser Naturschranke unabhängigen industriellen Reservearmee" (ibid.: 586). MigrantInnen werden als flexible Reserve von Arbeitskraft gesehen – um die „wechselnden Verwertungsbedürfnisse des Kapitals zu befriedigen. Darüber hinaus sei die industrielle Reservearmee eine wirkungsvolle Methode, Druck auf die Lohnarbeiter auszuüben, so daß die Arbeiterklasse in eine aktive Armee und in die Reservearmee zerfalle (ibid.: 583).

In der BRD spielten die ersten "Gastarbeiter" sogar eine tragende Rolle im wirtschaftlichen Strukturwandel der BRD, da sie ausschließlich in denjenigen Branchen des sekundären Sektors eingesetzt wurden, die für einheimische Arbeiter und Arbeiterinnen immer unattraktiver wurden: Bergbau, Baugewerbe, Eisen – und Metallindustrie, Textilindustrie. Ein ebenso hoher Bedarf wie in den 50er und 60er Jahren nach Arbeitskräften für schlecht entlohnte Blue-Collar-Jobs besteht heute

---

[46] Edmund Stoiber (CSU): "Wir sitzen auf einer demographischen Zeitbombe. Ein dramatischer demographischer Wandel beginnt uns den Boden unter den Füßen wegzuziehen [...]. Ja, wir haben zu wenig Kinder" (Stoiber 2000).

im tertiären Dienstleistungssektor, wo sie heute als Lückenfüller für ungeliebte Tätigkeiten dienen. Gastarbeiter sind somit funktional für den Strukturwandel des bundesdeutschen Beschäftigungssystems, da sie den Aufstieg der einheimischen Arbeitskräfte ermöglichten und ermöglichen.

Die Diskussion um das Einwanderungsgesetz, die Green-Card-Regelung und um die Nützlichkeit der EinwandererInnen für "uns" suggerierte, daß aufgrund der hohen Arbeitslosigkeit nur Spitzenkräfte gebraucht würden (dazu Bundesministerium des Inneren: §20 und § 39) und daß Qualifikation etc. von Bundesbürgern vor selektiver Einwanderung ginge (ibid.:). Es scheint gar so, als ob Vollbeschäftigung das Ziel sei, doch dies ist bloßer Populismus. Denn schon im Jahre 1955, dem Jahr des ersten Anwerbevertrages mit Italien, lag die Arbeitslosenquote in der BRD bei hohen sieben Prozent (1,1 Millionen): "Vollbeschäftigung war und ist im Grunde kein wirtschaftspolitisches Ziel, sondern aus ‚Angst' vor möglichem Lohndruck durch die Gewerkschaften gilt es sie eher zu vermeiden" (Treibel 1999: 55). Als 1961 annähernde Vollbeschäftigung zu herrschen drohte, wurde mit der Türkei ein Anwerbevertrag geschlossen. Der Versuch von 1998, für landwirtschaftliche Saisonarbeit anstelle der üblichen OsteuropäerInnen deutsche Staatsbürger zu gewinnen, scheiterte, weil sie diese Tätigkeit ihres Niedriglohnes und des geringen sozialen Prestiges wegen nicht akzeptierten (ibid.: 126). So geht es also bei der Einwanderungsdiskussion weiterhin nicht um Computer-Experten, sondern auch um Menschen, die unterbezahlte und einfache Tätigkeiten ausüben und durch ihre Entrechtung als Nur-Arbeiter "flexibel", sprich: ausweisbar, sind.

So kann gesagt werden, daß die Beschäftigung von Ausländern oder auch nur ihre Existenzform als Arbeitskraft die sozioökonomische Struktur des Aufnahmelandes stabilisiert, die Arbeiterschaft ethnisiert und damit Eigene und Andere schafft und so tatsächliche Gegensätze wie dem zwischen Kapital und Arbeit überdeckt. Außerdem werden Lohnforderungen gedämpft, die Produktion kann dank billiger Arbeitskräfte gesteigert beziehungsweise zum Beispiel im Agrarsektor oder im Servicesektor aufrechterhalten werden und durch Unterschichtungs- und damit Verdrängungsängste die Konkurrenz innerhalb der Arbeitskraft steigern. Mit dem internationalisierten Arbeitsmarkt zum Beispiel der EU befindet sich die BRD in einer Situation, die mit den Standpunkten "Deutschland den Deutschen" und "Deutschland ist kein Zuwanderungsland" nicht mehr zu bewältigen ist.

Wenn MigrantInnen als ethnisierte Arbeitskräfte für die kapitalistische Ökonomie notwendig sind, muß es einen Prozeß der Ethnisierung, also der Schaffung des Anderen, geben. Die Thematisierung von Herkunft, von Kultur, auf eine Weise, die hier als im Kontext eines globalen Neokulturalismus stehend analysiert wurde, muß als Bestandteil eines erneuerten, sich dem Zeitgeist der Kulturalisierung und Ethnisierung angepaßten Rassismus gesehen werden. Damit verbunden ist eine neue Haltung der Unionsparteien gegenüber "den Ausländern". Einerseits wird von der Fiktion des Gastarbeiters Abstand genommen – Deutschland sei kein klassisches Einwanderungsland – und das Ius Sanguinis teilweise aufgegeben, andererseits wird durch die sofortige Aufstellung von Kriterien für ein dauerhaftes Bleiberecht oder gar die Aufnahme als Staatsbürger ein Forderungskatalog formuliert, der mit seinem Kern der essentiellen Kultur und der Ablehnung von Multikulturalität sofort wieder in das Altbekannte der in sich abgeschlossenen deutschen Kultur zurückfällt. Kulturnahe Menschen, vorrangig mit weißer Hautfarbe sind besser integrierbar und ganz nebenbei besser ausgebildet als die trotzdem gebrauchten, aber in Rechtlosigkeit gehaltenen flexibleren Dritte-WeltmigrantInnen. Wie in II. gezeigt, sollte die deutsche Identität und Kultur, nach dem Irrweg der deutschen Leitkultur, einen anheimelnden Platz im Rahmen einer europäischen Kultur der Aufklärung und der Moderne finden. Dies ist ein Versuch gewesen, erneute Schlußstrichdebatten unter die NS-Vergangenheit elegant zu umgehen und die BRD zehn Jahre nach der Wiedervereinigung als normalen Nationalstaat erscheinen zu lassen, in dem zusammenwächst, was zusammen gehört.

Die Frage jedoch mußte lauten, woran die Bundesrepublik als Rechtsnachfolger des "Dritten Reiches" eigentlich anknüpfen sollte, da sie sich nach "der Zerstörung der Geistesgemeinschaft [durch den Holocaust, H.P.] [..] auf dem absoluten Nullpunkt des kulturellen Gedächtnisses" befand. Die europäische Geistesgemeinschaft als Konstruktion des Abendlandes über nationale Identitäten hinweg stellte eine Lösung dar: "Das Abendland wird zum (kultur-)politischen Kampfbegriff" (Assmann 1993: 92). Schon 1948 forderte der Literaturwissenschaftler Ernst Robert Curtius die "Europäisierung des Geschichtsbildes" und sah die europäische Literatur als ein Ganzes, von Homer bis Goethe (ibid.: 99). Die "Überwindung des Schattens von Auschwitz" steht denn auch im Mittelpunkt der Metapolitik der Neuen Rechten Deutschlands und hierin manifestiert sich auch der einzige wesentliche Unterschied zu der Nouvelle Droite, die eben nicht mit der Erblast eines gescheiterten nazistischen Staats umgehen muß. Daher auch meine Argumentation, daß die Leitkulturdebatte unter diesem Gesichtspunkt ein Versuch war, über einen kulturraumzentrierten und differentialistischen Rassismus diesen Schatten aus der Geschichte zu tilgen.

Im Verlaufe der Leitkulturdebatte gerieten die politische Mitte und die Linke derart unter Druck, daß Antifaschismus oder auch nur die Ablehnung von Nationalismus beziehungsweise seines "positiven" Pendants Patriotismus zu deutschem Selbsthaß umgedeutet werden konnten und sich sogar, wie dargestellt, die PDS-Vorsitzende zu ihrer Liebe zu Deutschland bekannte. Der Vorwurf an die vaterlandslosen Gesellen funktionierte wieder, wie die Äußerungen von Schönbohm oder Merkel verdeutlicht haben. Im Verein mit konservativen Publizisten oder Wissenschaftlern wurde der Kampf gegen eine Linke, die "ihren Frieden mit Deutschland nicht gemacht" hat, so der FDP-Vorsitzende Guido Westerwelle (Westerwelle 2001) aufgenommen. Dieser parteipolitische Populismus erfuhr recht massive Unterstützung aus dem Bereich der konservativen Gesellschaftswissenschaft. So schrieb Löffler für die Adenauer-Stiftung, daß die politische Motivation hinter der multikulturalistischen Gesellschaftsform die sei, daß

> "Teile der bürgerlich-liberalen Linken [...] ihren aus dem Auschwitz-Trauma herrührenden nationalen Selbsthaß produktiv [.] verarbeiten [können]. Von der Umwandlung der deutschen in eine multiethnische Gesellschaft erwarten sie die Auflösung der deutschen Identität",

um so das Wiederaufleben des Faschismus zu verhindern (Löffler 2001: 30f.). Karl Heinz Bohrer, rechts-konservativer Literaturwissenschaftler und Herausgeber des Merkur, schrieb Ähnliches: Die Kritik an Leitkultur seitens der Linken hänge mit ihrem "kulturellen Selbsthaß" zusammen, der "das Paradigma einer grandiosen kulturellen Kapazität [i.e. die deutsche Kultur, H.P.] mit den Mitteln des politischen Verdachts" erledigen wolle (Bohrer 2001: 79). Dieser deutschen Kultur, eine der wenigen "weltprägenden", hätten schon "die Nazis [.] ein Ende" bereitet und somit den Grundstein des defizitären deutschen Selbstverständnisses gelegt. Dieses spiegele sich noch heute in der Misere der Naturwissenschaften, der mangelnden Präsenz deutscher Musik auf dem globalen Markt und den provinziellen deutschen Filmproduktionen – kurz: in der mangelnden deutschen Wettbewerbsfähigkeit – wider. Implizit wirft Bohrer "der Linken" vor, daß sie die durch "die Nazis" begonnene Zerstörung deutscher Kultur mit anderen Mitteln fortsetzen wolle. Zum Beispiel würde sie die "zwei verlorenen Weltkriege", die dazu geführt habe, daß die kulturelle Norm in Deutschland auf der Strecke geblieben sei, übermäßig moralisieren. Dank dieser Moralisierung würden die "fremdländischen Minderheiten hierzulande nur noch mit einer Schwundstufe von kultureller Norm" konfrontiert (ibid. 77). Damit reiht er sich in den Reigen derer ein, die den Verfall deutscher Hochkultur beklagen – so kritisierte auch der ehemalige Berliner CDU-Innensenator Werthebach die "Unfähigkeit, der eigenen Sprache Strahlkraft zu verleihen" (Werthebach 2000). Ein direkter Bezug auf die Relativierung von Auschwitz und auf die Normalisierungsbemühungen im Historikerstreit kam während der Leitkulturdebatte vom US-amerikanischen Wirtschaftswissenschaftler Jeremy Rifkin. Dieser äußerte sich in der FAZ zur Leitkulturdebatte und plädierte für eine Konstituierung einer neuen deutschen Identität. Dieses scheitere aber vor allem daran, daß die Deutschen keiner Selbstfindung mehr fähig seien, weil sie sich und ihre Geschichte des Holocaust für einmalig hielten. Um das zu widerlegen, zitiert er zustimmende Äußerungen Theodor Roosevelts zur Eugenik, nach denen es die Pflicht des „guten Bürgers" sei, sein Blut der Nachwelt zu hinterlassen. Daraus folgert Rifkin, daß Holocaust und NS-Eugenik überall, auch in den USA, einen gesellschaftlichen Nährboden hätten finden können. Da nun kulturelle Identität "primär" und "grundlegend", eigentlich sogar die Voraussetzung aller Politik und Ökonomie sei, könne Deutschland, dessen Volk zwar eine ökonomische Zukunft aber keine kulturelle Vergangenheit für sich beanspruche, so nicht weiterexistieren. Es müsse diejenigen Aspekte seiner Kultur entdecken, die die "Vision einer menschlicheren Zivilisation vermitteln" können, um dann mit dieser im Verbund mit den Eigenheiten, die MigrantInnen mit sich bringen, die gesamte menschliche Gesellschaft zu befruchten (Rifkin 2000). Auch Rifkin spricht von einer Identitätskrise, die keinerlei gelungene Einwanderungspolitik erlaube und nimmt mit der Annahme, daß kulturelle Identität der Schlüssel für alles Gesellschaftliche sei, explizit Huntingtons Thesen des Clash of Civilisations auf und fügt sie offen in die Leitkulturdebatte ein. Der Normalisierungsdiskurs macht nicht halt vor einer Retorsion der Theorie des "deutschen Sonderwegs". In dieser Umkehrung wird nicht die verspätete Herausbildung der bürgerlichen Gesellschaft, die "Spannung [...] zwischen der einfachen und der reflexiven Modernisierung"

(Breuer 1993: 15) dargestellt, sondern die Anomalie der deutschen Teilung und der daraus seit mehr als vierzig Jahre schwelenden Sinnkrise. Die Zäsur, die diesen Sonderweg kennzeichnet, wird damit nicht etwa in Auschwitz und dem Ende des Zweiten Krieges gesehen, sondern in der deutschen Einheit. In der in ihr begründeten Selbstbewußtwerdung der deutschen Nation wird der Beginn eines neuen normalen Weges gesehen (vgl. Schmidt 2001: 185ff. und Habermas 1995: 86, 173). So wird das früher von der Rechten bekämpfte Bild des Sonderwegs in eine für die Neurechten positive Bedeutung verkehrt.
Konnten der Historikerstreit und andere Versuche, die Vergangenheit ad acta zu legen und Deutschland zu normalisieren noch zurückgeschlagen werden, etablierte sich nach dem Anschluß der DDR zur BRD "die lockere Rede von den ‚beiden Diktaturen'" - Andere praktische Resultate der Normalisierungsbemühungen waren die "großmäulige" bundesdeutsche Teilname am Jugoslawienkrieg (Habermas 1995: 44) und nun am Anti-Terrorkrieg.

SCHLUSSWORT

Welches Resümee ist nun zu ziehen? Ausgangspunkt dieser Überlegungen war die These, daß der in der Politisierung von kultureller Zugehörigkeit und der Kulturalisierung von Politik steckende Neorassismus in der Leitkulturdebatte wiederzufinden ist. Die dargestellten Äußerungen von PolitikerInnen vor allem aus den Unionsparteien haben verdeutlicht, daß zu Recht behauptet werden kann, daß der Clash of Civilisations, die neorassistische Sorge um den Erhalt von kultureller Identität und die damit verbundene Konstruktion von absolut verschiedenen Kulturkreisen Eingang in die "Ausländerpolitik" gefunden haben, die damit ihren Umgang mit ImmigrantInnen optimiert hat. Überlegenheitsrassismus hat in der Konstruktion des Anderen ausgedient und einem differentialistischen Rassismus Platz gemacht, der kulturelle Eigenheiten anzuerkennen scheint und sie – vor allem bei den Eigenen – als schutzbedürftig und unbedingt erhaltenswert darstellt. Der differentialistische Neorassismus erfüllt eine gesellschaftliche Funktion, da er die Praxis der Diskriminierung, Ausgrenzung und Ausbeutung von ImmigrantInnen legitimiert. Die Leitkulturdebatte hat die vorhandene verzerrte Wahrnehmung von kultureller Inkompatibilität, Parellelgesellschaften und der Konflikthaftigkeit des Zusammenlebens mit Ausländern noch einmal verstärkt. Aus der Debatte sprach das Bedürfnis, nach der Obsoletwerdung des Ius Sanguinis des Staatsangehörigkeitsgesetzes – die Abstammungsregel wird auch bei den als nur schwer integrierbar geltenden sogenannten Spätaussiedlern nur mehr halbherzig angewandt und durch rigide Sprachtests ergänzt – und dessen biologistischer Unterscheidung einen anderen Mechanismus der Ein- und Ausschließung zu finden. Der Leitkulturdiskurs sollte soziale Tatbestände im Neben- und Miteinander von "nationaler" Mehrheit und ethnisch interpretierten Gruppen deuten und die sich ergebenden Konflikte als Angst der "weißen" Mehrheit vor der Minderheit interpretieren. Mit dieser Angst läßt sich eine restriktive Innenpolitik rechtfertigen, die sich, wie mit den Anti-Terrorgesetzen geschehen, letztendlich gegen die Grundrechte alle richten kann. Die Leitkulturdebatte war eine Anerkennungsdebatte, wenn auch – getreu der Strategie der Retorsion – die sich als Mehrheit empfindende Gruppe Anerkennung ihrer Identität forderte und sich als gefährdet durch die ImmigrantInnen und deren "Parallelgesellschaften" empfand. Hintergrund der Leitkulturdebatte war die Notwendigkeit der Reformulierung der bundesdeutschen Einwanderungs- und Assimilationspolitik: Parallelgesellschaften wurden als gefährliche, weil unkontrollierbare Keimzellen des Terrors erkannt[47], demographische Hiobsbotschaften kündeten vom Aussterben der Deutschen.

Indem in der Leitkulturdebatte von ihren Betreibern, der Diskurselite (mit Zugang zu den Mitteln der symbolischen Reproduktion wie Medien, Einfluß auf die Schulbildung, wissenschaftliche Veröffentlichungen), Rassismus gewissermaßen als alltäglich-normale Abneigung, als Angst vor Fremdheit und Sorge um die eigene kulturelle Identität, umgedeutet wurde, wurden rassistische Denkmuster und Verhaltensweisen ideologisch (re-)produziert und "sozial gelernt" (van Dijk 1992: 290). Somit muß der Leitkulturdebatte eine Funktionalität unterstellt werden, die nichts mit falschem Wissen zu tun hat und kein simples Sommertheater war oder ein Atavismus in eine nationalkonservative Vergangenheit der CDU.

Neorassismus, wie er hier definiert wurde, hat die Leitkulturdebatte nicht durchgängig bestimmt. Doch schlußendlich wurden die einwanderungspolitischen Vorschläge der CDU und CSU von einem Kulturbegriff dominiert, der Kultur oder kulturelle Identität als territorial verankert sieht, als starres Konstrukt, dessen Reinheit durch als Fremdkörper wirkenden Anderen zerstört wird.

Wenn zwischen den Konzepten der Neuen Rechten ein Zusammenhang mit der Konzeption des Wortes Leitkultur und den aus ihr resultierenden Vorschlägen für eine Einwanderungsgesetzgebung gefolgt wurde, dann auch um festzustellen, daß die Grenzen zwischen der Neuen Rechten und der politischen Mitte fließend sind. Zwar sollen nicht die CDU oder CSU mit der konservativ-revolutionären Nouvelle Droite auf eine Stufe gestellt werden, doch ist festzustellen, daß von der politischen Mitte her "Fragen der Migration sowie Integration von Zuwanderern in einer Weise zum Thema gemacht [werden], die von rechtsextremen Forderungen und Parolen nur schwer zu unterscheiden" ist (Butterwegge und Häusler 2001: 7). Diese Überschneidung von konservativen mit rechtsextremen Positionierungen

---

[47] So begriff die Rheinische Post vom 30.10.2000 deutsche Leitkultur vor allem als Schutz vor einer "islamistischen Leitkultur". Auch die Kritik der CDU am Zuwanderungsgesetz muß im Kontext des Gefühls der Bedrohtheit verstanden werden, wenn sie "unter dem Gesichtspunkt einer effektiven Bekämpfung des internationalen Terrorismus" eine Überarbeitung des Gesetzes forderte (CDU 2002: Punkt 13).

muß als strategischer Teilerfolg rechtsintellektueller Intervention in die bürgerliche Öffentlichkeit gesehen werden, so daß das Schlagwort der nationalen Identität auch aus dem Vokabular des linksliberalen politischen Spektrums nicht mehr wegzudenken ist. Die Besetzung eines Themas mit einem Schlagwort ist eine häufig eingesetzte politische Strategie, um eine programmatische politische Orientierung einzuleiten. Nachdem die Konnotationen und Assoziationen des Schlagwortes erst einmal in der öffentlichen Diskussion (re-)etabliert sind, kann das Wort selber verschwinden, wie dies in der Leitkulturdebatte geschehen ist. Der Bezug von PDS[48] und SPD[49] auf die Nation oder Europa und die teilweise Abkehr von Bündnis90/Grüne von der multikulturellen Gesellschaftskonzeption[50] beweist diesen Erfolg der CDU-initiierten Leitkulturdebatte. So zeigt auch das Einwanderungsgesetz selber, daß die Kulturalisierung von Politik auch bei Mitte-Links-Parteien Anklang gefunden hat. Die Debatte hat gezeigt, daß es in der deutschen Politik keine parlamentarische Kraft mehr gibt, die für eine grundsätzliche Verbesserung des Status von Menschen ohne deutsche Staatsangehörigkeit und für Minderheitenrechte eintritt.

Die Einführung eines Ius Cultus in die bundesdeutsche Einwanderungspolitik unter dem Schlagwort der Integration bedeutet nicht das Ende einer Gesellschaft, in der EinwandererInnen oder deren Nachkommen ihre kulturellen Muster leben – diese Gesellschaft ist schon lange Realität, unabhängig davon, ob politische Parteien verkünden, daß Deutschland kein klassisches Einwanderungsland sei. Auch ist nicht anzunehmen, daß Immigration in die BRD gestoppt wird und alle Ausländer ausgewiesen werden, um den nationalen Körper "genesen" zu lassen; das neue Einwanderungsgesetz sollte nur eine flexiblere Selektion von ImmigrantInnen und so eine den Notwendigkeiten entsprechende Arbeitskraftarmee erlauben. Die Anforderungen des Ius Cultus – bestimmte Verhaltensweisen, Grundüberzeugungen, Leistungsbereitschaft und Nützlichkeit für die Gemeinschaft, ein in letzter Hinsicht essentielles Sein – aber bedeuten das Ende von Bemühungen, jenseits einer konstruierten nationalen Kultur gesellschaftliche, politische, soziale und ö-

---

[48] Die PDS will die "Nation nicht mehr ignorieren" (PDS 2000).
[49] So spricht Friedhelm Farthmann (SPD) in der jungen freiheit davon, daß "die meisten unserer Menschen wollen, daß Deutschland im Grundgefüge so bleibt, wie es von der abendländisch-christlichen Kultur geprägt worden ist" (Farthmann 2000).
[50] Renate Künast störte sich an der "Unschärfe" des Begriffs der multikulturellen Gesellschaft (zitiert nach: Jäger 2001: 5).

konomische Gleichberechtigung auch für EinwandererInnen zu schaffen. Die Verwehrung des Status des Bürgers kann bei gleichzeitiger Einschließung als Arbeitskraft über die Nichtzugehörigkeit zur deutschen Kulturgemeinschaft legitimiert werden – wobei die parallel dazu verkündete Integrationsgesetzgebung es ermöglicht, flexibel einen jeden oder jede aufzunehmen, wenn er oder sie ökonomisch "im Interesse der BRD" liegt.

Balibar schrieb nach einem ersten entscheidenden Wahlsieg der Front National 1983 über Frankreich, daß dessen

> "Demokratie nicht mehr die Demokratie Athens [ist], in der die Sklaven aus der Polis, die sie zu einem Gutteil am Leben erhielten, völlig ausgeschlossen wurden. Gleichwohl bleibt sie, ohne die Proportionen zu verwischen, auf einem bestimmten Maß von Apartheid begründet" (Balibar 1993: 33).

Dies ist ebenso wahr für die bundesdeutsche Gesellschaft; die Leitkulturdebatte hat dies noch einmal nachdrücklich bestätigt.

Kann man den rassistischen Tendenzen der gegenwärtigen "Ausländerpolitik" in der BRD offensiv entgegnen? Die Herausforderung ist, dem Trend zur Verschärfung der Einwanderungsbestimmungen, der zunehmenden Entrechtung und Illegalisierung von ImmigrantInnen offensiv entgegenzutreten. Eine doppelte Staatsbürgerschaft wäre zwar ein erster Schritt, um der doppelten Wirklichkeit der Transnationalität – der gesellschaftlichen Einbindung in das Einwanderungsland und der ungeachtet der Migrationsgründe bestehenden starken Solidaritäts- und Loyalitätsvorstellungen der MigrantInnen zu ihrem Herkunftsland – Rechnung zu tragen, so daß eine rechtliche und politische Gleichstellung am neuen Lebensmittelpunkt BRD gewährleistet wäre. Der dazu notwendige einseitige Akt der Bundesrepublik ist aber unter gegenwärtigen Bedingungen kaum vorstellbar und die Forderung nach Assimilation oder Integration als Voraussetzung für die Erlangung selbst von bloßen Aufenthaltstiteln macht deutlich, daß sich in der BRD, wie auch im Rest der "Festung EU", ein immigrationsfeindliches Klima etabliert hat, in dem MigrantInnen immer mehr als billige und verfügbar zu haltende Arbeitskräfte angesehen werden und dazu noch als Gefahr für die "eigene Identität" beziehungsweise für den eigenen Wohlstand ausgegrenzt werden. Auch die Diskussion um ein Einwanderungs- und Integrationsgesetz, das nach der verfassungsrechtlich fragwürdigen Abstimmung im Bundesrat vom März 2002 im Juli 2004 als "Gesetz zur Kontrolle und Begrenzung von Einwanderung und zur Regelung des Aufenthalts und zur Integration von Unionsbürgern und Ausländern" (Bundesregierung 2004) von beiden Kammern des Parlaments verabschiedet wurde und bis Januar 2005 vollständig in Kraft getreten ist, beweist dies. Das Gesetz greift nur wenige der liberalen Vorschläge der Süssmuth-Kommission auf, darüber hinaus wird die Genfer Flüchtlingskonvention mit ihren Bestimmungen zur Anerkennung auch nichtstaatlicher und geschlechtsspezifischer Verfolgung als Asylgrund in deutsches Recht umgesetzt (Bundesregierung § 60, Abs. 1 Aufenthaltsgesetz). Dauerhafte Aufenthaltstitel werden schwieriger zu erlangen sein, so ersetzt das "kleine Asyl" die bisherige Regelung, die eine dauerhafte Niederlassungserlaubnis für erfolgreiche Asylantragsteller vorsah. Nun werden die Asylgewährensgründe nach drei Jahren überprüft, bevor es zu einer Verfestigung des Bleiberechts kommen kann (§ 25 und §26 Abs. 3 Aufenthaltsgesetz). Allerdings wird die Arbeitsmigration für qualifizierte Arbeitskräfte und Selbständige erleichtert (§ 19 und § 21 Aufenthaltsgesetz). Die ursprünglich geplanten "Auswahlverfahren" mit einem dem australischen Prinzip ähnelnden Punktesystem wurden auf Betreiben der Opposition gestrichen. Unter den Eindrücken des 11. Septembers wurde aus dem als Optimierung einer ökonomisch ausgerichteten Einwanderungspolitik gedachten Gesetz in Verknüpfung mit den sogenannten Sicherheitsgesetzen ein auf Einwanderung von Hochqualifizierten fokussiertes Instrument. Das Aufenthaltgesetz erlaubt auch eine leichtere Abschiebung von als gefährlich eingestuften Ausländern. Wenn eine "tatsachengestützte Gefahrenprognose besagt", daß sich zum Beispiel das Wirken von "Hetzern in Moscheen" zu einer Gefahr für den inneren Frieden der Bundesrepublik entwickeln könnte, kann eine Ermessensausweisung beantragt werden (§ 55 Abs. 2 Nr. 8 Aufenthaltsgesetz). Vor Erteilung oder Verlängerung der Aufenthaltserlaubnis kann die Ausländerbehörde die bei ihr gespeicherten personenbezogenen Daten des Antragstellers an den Bundesnachrichtendienst, den Militärischen Abschirmdienst oder das Zollkriminalamt sowie an das Landesamt für Verfassungsschutz oder an das Landeskriminalamt übermitteln, um Versagensgründe zu ermitteln (§ 73 Abs. 2 Satz 1 Aufenthaltsgesetz). Wenn eine zeitlich unbefristete Niederlassungserlaubnis erteilt wird, wir eine Regelanfrage über verfassungsfeindliche Erkenntnisse eingeführt (§ 73 Abs. 2 Satz 2 Aufenthaltsgesetz). Integration, einst Kernpunkt der Vorschläge der Süssmuth-Kommission, ist zu Pflichtkursen in deutscher Sprache und Kultur degeneriert – Nichtteilnahme kann zur Abschiebung führen (ibid.: § 44). Auch gilt die Verpflichtung aus Kostengründen nur für Neuzuwanderer (Klaschka 2004).

Debatten wie die zur deutschen Leitkultur verdeutlichen nicht nur, daß kulturelle Identität als etwas Notwendiges für eine Nation wahrgenommen wird, sondern auch die Unsicherheit gegenüber der eigenen kulturellen Identität im Falle Deutschlands. Daß die Leitkulturdebatte im Winter 2004 wieder aufgebrannt ist – Protagonisten, Argumente und Wortwahl sind mit denen der Originaldiskussion fast identisch (vgl. Schönbohm 2004, Bosbach 2004 und Köhler 2004) – zeigt, daß die Politik der Angst, die Migration mit Gefahr gleichsetzt, hervorragend den Heimat-und Nationsbegriff mobilisieren kann. Der Irak-Krieg mit seinen nicht enden wollenden "Selbstmordattentaten", die Bilder von vermummten Geiselnehmern und ihrer Opfer, wie auch der Mord an dem niederländischen Filmemacher Theo van Gogh im November 2004 und die daraufhin brennenden Moscheen, Kirchen und Synagogen in niederländischen Städten haben die Angst vor Immigranten vor allem aus "dem Islam" weiter geschürt – so verteidigte Wolfgang Bosbach Anfang Dezember 2004 die Wiederaufnahme der Leitkulturdiskussion damit, daß es angesichts der jüngsten Zuspitzung der kulturellen Konflikte darum gehe, ein konfliktfreies Zusammenleben von Menschen verschiedener Nationalität, Hautfarbe und Religion zu gewährleisten (Bosbach 2004).

Die Leitkulturdebatte hat zu einer Aushöhlung der Vorschläge der Süssmuth-Kommission geführt. Die Terroranschläge vom 11. September schließlich haben eine noch restriktivere Immigrations- und Integrationspolitik begünstigt. Die Akzeptanz des Bildes des integrationsunwilligen, gefährlichen, schmarotzenden und "uns" gefährdenden Ausländers, das die Wortführer der Leitkulturdebatte gezeichnet haben, zeugt davon, wie sehr die bundesrepublikanische Gesellschaft weiterhin von ihrer eigenen Vergangenheit geprägt ist und wie sehr rassistisches Denken ihren Alltag prägt.

LITERATURVERZEICHNIS

Adorno, Theodor W. 1951: Minima Moralia. Reflexionen aus dem beschädigten Leben. Frankfurt/Main

Adorno, Theodor W. 1975: Schuld und Abwehr. In: Gesammelte Schriften, Bd. 9.2. Soziologische Schriften II, 2. Hälfte. Frankfurt/Main, S. 121 – 324

Ahlers, Ingolf 1997a: Stichworte zur neueren Rassismusdebatte: Stuart Hall und die Cultural Studies. In: Gazi Caglar (Hrsg.): Rassismus und Nationalismus in West- und Osteuropa. Ursachen und Auswirkungen in verschiedenen Ländern Europas. München, S. 162 – 181

Ahlers, Ingolf 1997b: Neomoderne Apokalyptik als Theoriepolitik. Bassam Tibis Traktierung des Islam im „Krieg der Zivilisation". In: Hannoversche Studien über den Mittleren Osten, Bd. 20, Hannover, S. 77 - 90

Ahlers, Ingolf 1997c: Vorwort. In: Gazi Caglar: Der Mythos vom Krieg der Zivilisationen. Der Westen gegen den Rest der Welt – eine Replik auf Samuel P. Huntingtons „Kampf der Kulturen". München, S. 8 – 16

Ahlers, Ingolf 1998: Der Westen in Not: Planetarische Politik und globale Kulturkämpfe im Zeitalter des Neokulturalismus. In: Krisis 20, S. 19 – 55

Ammann, Petra; Heither, Dietrich und Gerhard Schäfer 2001: Die Stolzdeutschen. In: Die Stolzdeutschen. Von Mordspatrioten, Herrenreitern und ihrer Leitkultur. Köln, S. 14 - 90

Aron, Raymond 1963: Frieden und Krieg. Eine Theorie der Staatenwelt. Frankfurt/Main

Assmann, Aleida 1993: Arbeit am nationalen Gedächtnis. Eine kurze Geschichte der deutschen Bildungsidee. Frankfurt/Main

Balibar, Etienne 1991: Is there a „Neo-Racism"? In: Balibar, Etienne und Immanuel Wallerstein: Race, Nation, Class. Ambiguous Identities. London, S. 17 – 28

Balibar, Etienne 1991a: The Nation Form: History and Ideology. In: Balibar, Etienne und Immanuel Wallerstein: Race, Nation, Class. Ambiguous Identities. London, S. 86 - 106

Balibar, Etienne 1993: Die Grenzen der Demokratie. Hamburg

Beckstein, Günter 2000a: Berliner Zeitung 14.11.2000

Beckstein, Günter 2000b: Der Focus 10.6.2000

Benoist, Alain de 1983: Aus rechter Sicht. Eine kritische Anthologie zeitgenössischer Ideen, Bd. 1. Tübingen

Benoist, Alain de 1984: Aus rechter Sicht. Eine kritische Anthologie zeitgenössischer Ideen. Bd. 2. Tübingen

Benoist, Alain de 1985: Kulturrevolution von rechts. Krefeld

Benoist, Alain de 1999: Aufstand der Kulturen. Europäisches Manifest für das 21. Jahrhundert. Berlin

Biedenkopf, Kurt H. 2000: 1989-1990. Ein deutsches Tagebuch. Berlin

Bielefeld, Uli (Hrsg.) 1991: Das Eigene und das Fremde. Neuer Rassismus in der alten Welt? Hamburg

Blaschke, Jochen und Kurt Greussing (Hrsg.) 1980: Die Niederlassung der Dritten Welt in Europa. Probleme der Arbeitsmigration. Frankfurt

Bohrer, Karl Heinz 2001: Die Angst vor der Leitkultur. In: Merkur, Januar 2001. S. 75 – 78

Bosbach, Wolfgang 2000: Frankfurter Allgemeine Zeitung 18.10.2000

Bosbach, Wolfgang 2004: Integrationsdebatte: Müntefering warnt Union vor Kampflinie gegen Muslime. Frankfurter Allgemeine Zeitung, 2.12.2004

Bredow, Wilfried von 2000: Konflikte und Kämpfe zwischen Zivilisationen. In: Karl Kaiser und Hans-Peter Schwarz (Hrsg.): Weltpolitik im neuen Jahrhundert. Bonn, S. 115 – 123

Breuer, Stefan 1993: Anatomie der Konservativen Revolution. Darmstadt

Brunnhuber, Georg 2000: Die Welt 7.11.2000

Bundesministerium des Innern 2001: Bericht der Unabhängigen Kommission ‚Zuwanderung': „Zuwanderung gestalten – Integration fördern.". Berlin

Bundesregierung 2002: Gesetz zur Steuerung und Begrenzung der Zuwanderung und zur Regelung des Aufenthalts und zur Integration von Unionsbürgern und Ausländern (Zuwanderungsgesetz). In. www.bmi.de. Internet-Download vom 5.3.2002

Butterwegge, Christoph und Alexander Häusler 2001: Themen der Rechten – Themen der Mitte. Rechtsextreme Einflüsse auf Debatte zu Migration, Integration und multikulturellem Zusammenleben. Medienexpertise im Auftrag der Landesarbeitsgemeinschaft der kommunalen Migrantenvertretungen NRW. Düsseldorf

Caglar, Gazi 1997: Der Mythos vom Krieg der Zivilisationen. Der Westen gegen den Rest der Welt – eine Replik auf Samuel P. Huntingtons „Kampf der Kulturen". München

Castles, Stephen 1991: Weltweite Arbeitsmigration, Neorassismus und der Niedergang des Nationalstaats. In: Uli Bielefeld (Hrsg.): Das Eigene und das Fremde. Neuer Rassismus in der alten Welt? Hamburg, S. 129 - 159

CDU 2000: Arbeitsgrundlage für die Zuwanderungs-Kommission der CDU Deutschlands" vom 6.11.2000. In: www.cdu.de. Internet-Download vom 13.11.2001

CDU 2001: Zuwanderung steuern und begrenzen. Integration fördern. Beschluß des Bundesausschusses der CDU vom 7. Juni 2001. In : www.cdu.de/politik-a-z/parteitag/beschluss.pdf. Internet-Download vom 13.11.2001

CDU 2002: Ausgewählte Kritikpunkte am Zuwanderungsgesetz. In: www.cdu.de/politik-a-z/zuwanderung/kritik250102.htm. Internet-Download vom 4.7.2002

CDU/CSU 2001: Steuerung und Begrenzung von Zuwanderung. Gemeinsames Papier der CDU und CSU vom 10.5.2001 In: www.cdu.de:80/wochenthema/zuwanderung/ inhalt.htm. Internet-Download vom 18.7.2000

Christadler, Marieluise 1983: Die „Nouvelle Droite" in Frankreich. In: Iring Fetscher (Hrsg.): Neokonservative und „Neue Rechte". Der Angriff gegen Sozialstaat und liberale Demokratie in den Vereinigten Staaten, Westeuropa und der Bundesrepublik. München, S. 163 – 216

Claussen, Detlev 1994: Was heißt Rassismus? Darmstadt

Cohen, Philip 1990: Gefährliche Erbschaften: Studien zur Entstehung einer multirassischen Kultur in Großbritannien. In: Annita Kalpaka und Nora Räthzel (Hrsg.): Die Schwierigkeit, nicht rassistisch zu sein. Leer, S. 81 – 131

CSU 2000: „Zehn Leitlinien für eine gesetzliche Regelung zur Zuwanderung". In: www.csu.de/diethemen/ positionen_a-z/innenpolitik/subpage463460-htm. Internet-Download vom 24.2.2002

CSU 2000a: Ohne Titel. In: www.csu-landtag.de/htmlexport/445.htm. Internet-Download vom 5.7.2002

CSU 2001: Thesen zur Zuwanderungspolitik, beschlossen vom Parteivorstand der CSU am 23.4.2000. In: www.demographie.de/zuwanderungskonzepte/ zuwanderungskonzepte.html. Internet-Download vom 14.5.2002

Daimagüler, Mehmet und Mathiopoulos, Margarita: Zwei deutsche Patrioten. Neue Züricher Zeitung 29.12.2000

Évard, Jean-Luc 2000: ‚Deutsche Leitkultur': Un slogan, un lapsus ou une baudruche? In: Documents: Revue des questions allemandes Bd. 5. Paris, S. 43 – 44

Faist, Thomas 1997: Migration und der Transfer sozialen Kapitals oder : Warum gibt es relativ wenige internationale Migration? In: Ludger Pries: Transnationale Migration. Baden Baden, S. 63 – 83

Farthmann, Friedhelm 2000: junge freiheit 44-2000

Ferguson, Kennan 1996: Unmapping and Remapping the World: Foreign Policy as Aesthetic Practice. In: Michael J. Shapiro und Hayward R. Alker (Hrsg.): Challenging Boundaries. Minneapolis, S. 165 - 192

Fetscher, Iring (Hrsg.) 1983: Neokonservative und "Neue Rechte". Der Angriff gegen Sozialstaat und liberale Demokratie in den Vereinigten Staaten, Westeuropa und der Bundesrepublik. München

Fichte, Johann Gottlieb 1973: Beitrag zur Berichtigung der Urteile des Publikums über die französische Revolution. Hamburg

Fischer, Joseph 2000a: Deutscher Bundestag: Plenarprotokoll 14/126; Stenographischer Bericht 126. Sitzung Berlin, 25. Oktober 2000

Fischer, Joseph 2000b. Deutscher Bundestag: Plenarprotokoll 14/135, Stenographischer Bericht, 135. Sitzung 28. November 2000

Foucher, Michel 1991: Front et Frontières: Un Tour du Monde Géopolitique. Paris

Francis Fukuyama: Das Ende der Geschichte. Wo stehen wir?, München 1992

Frank, Karsta 1996: PC-Diskurs und neuer Antifeminismus in der Bundesrepublik. In: Das Argument 213. Hamburg, S 25 – 38

Frank, Susanne 1997: Rassistischer Multikulturalismus. In: Andrea Wolf (Hrsg.): Neue Grenzen. Rassismus am Ende des 20. Jahrhunderts. Wien, S. 79 – 85

Friedrich, Ingo 2000: Berliner Zeitung 7.11.2000

Fücks, Ralf 2000: Die Zeit 9.11.2000

Funke, Hajo 2000: die tageszeitung 26.8.2000

Geißler, Heiner 2000: Süddeutsche Zeitung 26.10.2000

Gessenharter, Wolfgang 1989: Die "Neue Rechte" als Scharnier zwischen Neokonservativismus und Rechtsextremismus in der BRD. In: Rainer Eisfeld und Ingo Müller (Hrsg.): Gegen Barbarei. Essays Robert M.W. Kempner zu Ehren. Frankfurt/Main, S. 424 – 452

Glück, Alois 1999: Zuwanderung – Gemeinwohl – Verdrängung. In: www.csu-landtag.de/htmlexport/1444.htm. Internet-Download vom 13.11.2001

Glück, Alois 2000: Bayernkurier 28.10.2000

Glück, Alois 2000: Ohne Titel. In: www.csu.de/home/Display/Politik/Themen/Innenpolitik/startseite_auslaend?Thema= Innenpolitik&Unterthema=Zuwanderungspolitik/Ausländerpolitik. Internet-Download vom 6.6.2002

Glück, Alois 2001: Ohne Titel. In: www.csu-landtag.de/htmlexport/1444.htm. Internet-Download vom 25.1.2001

Göring-Eckhard, Katrin 2000: Vgl. Stenographischer Bericht des Deutschen Bundestages der 129. Sitzung Berlin, 8.11.2000

Guillaumin, Colette 1991: Rasse. Das Wort und die Vorstellung. In: Uli Bielefeld (Hrsg.): Das Eigene und das Fremde. Neuer Rassismus in der alten Welt? Hamburg, S. 159 – 175

Guillaumin, Colette 1995: Racism, Sexism, Power and Ideology. London

Günter, Joachim 2000: Neue Züricher Zeitung 2.11.2000

Habermas, Jürgen 1987: Eine Art Schadensabwicklung. Kleine Politische Schriften VI. Frankfurt/Main

Habermas, Jürgen 1991: Staatsbürgerschaft und nationale Identität. Überlegungen zur europäischen Zukunft. St. Gallen

Habermas, Jürgen 1995: Die Normalität einer Berliner Republik. Kleine Politische Schriften VIII. Frankfurt/Main

Habermas, Jürgen 1999: The European Nation-State and the Pressures of Globalization. In: New Left Review 235. Oxford, S. 46 – 59

Haider, Jörg 2000: junge freiheit 24.11.2000

Hall, Stuart 1980: Rasse – Klasse – Ideologie. In: Das Argument 122. Berlin, S. 507 - 510

Hall, Stuart 1989: Rassismus als ideologischer Diskurs. In: Das Argument 178. Berlin, S. 913 – 921

Hall, Stuart 1994: Rassismus und kulturelle Identität. Ausgewählte Schriften 2, Hamburg

Heither, Dietrich und Gerd Wiegel (Hrsg.) 2001: Die Stolzdeutschen. Von Mordspatrioten, Herrenreitern und ihrer Leitkultur. Köln

Heitmeyer, Wilhelm et al. 1992: Die Bielefelder Rechtsextremismus-Studie, Weinheim/München

Henning, Eike 2000: Helau oder Alaaf? Was ist Leitkultur? Ausländerpolitik, Hegemonie und die kampagnenfähige CDU. In: Vorgänge 4/2000, S. 18-32

Hentges, Gudrun 2000: Rassismus, Sprache und "deutsche Leitkultur". In: SPW. Zeitschrift für Sozialistische Politik und Wirtschaft, Heft 116. S. 4 – 6

Hilberg, Raul 1990: Die Vernichtung der europäischen Juden. Frankfurt/Main

Hohmann, Martin 2000 : Tagesspiegel 19.11.2000

Holton, Robert 2000: Globalisation's Cultural Consequences. In: The Annals of the American Academy of Political and Social Science, Thousand Oaks CA, Bd. 570, S. 140 – 152

Hummel, Hartwig und Ulrich Menzel 2000: Regionalisierung/Regionalismus. In: Wichard Woyke (Hrsg.): Handwörterbuch Internationale Politik. Bonn

Hund, Wulf D. 1993: Die Farbe der Schwarzen. Über die Konstruktion von Menschenrassen. In: Blätter für deutsche und internationale Politik 8/93, S. 1005 – 1014

Huntington, Samuel P. 1993a: The Clash of Civilisations? In: Foreign Affairs, Sommer 1993, S. 22 – 49

Huntington, Samuel P. 1993b.: If Not Civilisations, What? Paradigms of the post-cold war world. In: Foreign Affairs, November/Dezember 1993, S. 186 - 194

Huntington, Samuel P. 1996a: Der Kampf der Kulturen. Die Neugestaltung der Weltpolitik im 21. Jahrhundert. München

Huntington, Samuel P. 1996b: Der Spiegel 48/1996, p186

Huntington, Samuel P. 2001/2002: The Age of Muslim Wars. In : Newsweek, Dezember 2001/Februar 2002, S. 6 – 13

Jäger, Margret 2001: Der Rechte Rand Januar-Februar 2001, Seite 5

Jameson, Frederic 2000: Globalization and Political Strategy. In: New Left Review 4, Juli/August, S. 49 - 68

Jessen, Jens 2000: Die Zeit 26.10.2000

Kalpaka, Annita und Nora Räthzel (Hrsg.) 1990: Die Schwierigkeit, nicht rassistisch zu sein. Leer

Klaschka, Norbert 2004: Zäsur bei der Zuwanderung. Frankfurter Rundschau 23.12.2004

Knobloch, Clemens 1996: Die Rede von der "Zivilisation". In: Sowi 25 H.2, S. 74 – 80

Koch, Roland 2000: tageszeitung 13.11.2000

Koch, Roland 2001: Die Welt 4.9.2001

Köhler, Kristina 2004: Zur demokratischen Leitkultur gehört insbesondere: keine Toleranz der Intoleranz. Rede zum Unions-Antrag: In: http://www.cducsu.de/section__1/subsection__6/id__2952/Meldungen.aspx- Internet-Download vom 13.Juni 2005

Levinger, Matthew und Paula Franklin Lytle 2001: Myths and Mobilisation: The Triardic Structure of Nationalist Rhetoric. In: Nations and Nationalism 7 (2) 2001. London, S. 175 – 194

Lévi-Strauss, Claude 1972: Rasse und Geschichte. Frankfurt/Main

Lévi-Strauss, Claude 1985.: Der Blick aus der Ferne. München

Löffler, Berthold 2001: Welche Integration? Eine Begriffsklärung nach der Diskussion um die deutsche Leitkultur. In: Die politische Meinung. 43/2001. 375, Februar 2001, S. 25 – 33

Lyotard, Jean-Francois 1977: Das Patchwork der Minderheiten. Berlin

Martenstein, Harald 2000: Tagesspiegel 19.11.2000

Marx, Karl-Heinrich 1971: Einleitung zur Kritik der Politischen Ökonomie. In: MEW 13. Berlin

Marx, Karl-Heinrich 2001: Das Kapital. Kritik der politischen Ökonomie. Der Produktionsprozeß des Kapitals. Köln

McNeill, William 2000: Reassertion of the Polyethnic Norm Since 1920. In: Anthony D. Smith (Hrsg.): Nationalism – Critical Concepts in Political Science, Bd. V., S. 1831 - 1846

Melber, Henning 1989: Rassismus und eurozentristisches Zivilisationsmodell: Zur Entwicklungsgeschichte des kolonialen Blicks. In: Otger Autrata und Gerrit Kaschuba (Hrsg.): Theorien über Rassismus. Eine Tübinger Veranstaltungsreihe. Argument Sonderband 164. Hamburg, S. 29 – 62

Memmi, Albert 1987: Rassismus, Frankfurt/Main.

Memmi, Albert 1997: Versuch einer kommentierten Definition des Rassismus. In: Andrea Wolf (Hrsg.): Neue Grenzen. Rassismus am Ende des 20. Jahrhunderts. Wien, S. 23 - 34

Merkel, Angela 2000a: tageszeitung 23.10.2000

Merkel, Angela 2000b: Der Spiegel 44/00 27

Merkel, Angela 2000c: Berliner Zeitung 7.11.2000

Merkel, Angela 2000d: Frankfurter Allgemeine Zeitung 30.10.2000

Merkel, Angela 2000e: tageszeitung 13.11.2000

Merkel, Angela 2000f: Rede beim Kleinen Bundesparteitag der CDU am 20.11.2000: www.cdu.de/politik-a-z/parteitag/rede-am-ba201100.htm. Internet-Download vom 11.12.2001

Merz, Friedrich 2000a: Frankfurter Allgemeine Zeitung 11.10.2000

Merz, Friedrich 2000b: Die Welt 25.10.2000

Merz, Friedrich 2000c: Tagesspiegel 27.10.2000

Merz, Friedrich 2000d: Frankfurter Allgemeine Zeitung 19.10.2000

Merz, Friedrich 2000e: Süddeutsche Zeitung 7.11.2000

Merz, Friedrich 2000f: Tagesspiegel 18.10.2000

Meyer, Laurenz 2000: Frankfurter Allgemeine Zeitung 30.10.2000

Meyer, Laurenz 2001: Welt am Sonntag, 22.5.2001

Meyer, Thomas 1997: Identitäts-Wahn. Die Politisierung des kulturellen Unterschieds. Berlin

Miksch, Jürgen 1983: Multikulturelles Zusammenleben. Theologische Erfahrungen. Frankfurt/Main

Miles, Robert 1989: Bedeutungskonstitution und der Begriff des Rassismus. In: Das Argument 175. Hamburg, S. 358 – 367

Miles, Robert 1990: Die marxistische Theorie und das Konzept "Rasse". In: Eckhard J. Dittrich und Frank-Olaf Radtke: Ethnizität. Opladen, S. 155 – 179

Miles, Robert 1992: Rassismus. Einführung in die Geschichte und Theorie eines Begriffs. Hamburg

Moreau, Patrick 1983: Die Neue Religion der Rasse. Der Biologismus und die kollektive Ethik der Neuen Rechten in Frankreich und Deutschland. In: Iring Fetscher (Hrsg.): Neokonservative und "Neue Rechte". Der Angriff gegen Sozialstaat und liberale Demokratie in den Vereinigten Staaten, Westeuropa und der Bundesrepublik. München, S. 122 – 162

Müller, Jost 1992: Rassismus und die Fallstricke des gewöhnlichen Antirassismus. In: Redaktion diskus (Hrsg.): Die freundliche Zivilgesellschaft. Rassismus und Nationalismus in Deutschland. Berlin

Müller, Jost 1995: Nation, Ethnie, Kultur. Mythen der Rechten, Berlin

Müller, Peter 2000a: Frankfurter Allgemeine Zeitung 16.10.2000

Müller, Peter 2000b: Berliner Zeitung 7.11.2000

Müller, Peter 2000c: Berliner Zeitung 13.11.2000

Müller, Peter 2001: tageszeitung 4.5.2001

Müntefering, Franz 2001: Welt am Sonntag 21.3.2001

Niethammer, Lutz 2000: Kollektive Identität. Heimliche Quellen einer unheimlichen Konjunktur. Hamburg

Oberndörfer, Dieter 2001: Leitkultur und Berliner Republik. Die Hausordnung der multikulturellen Gesellschaft Deutschlands ist das Grundgesetz. In: Aus Politik und Zeitgeschichte, B1-2/2001, S. 27 – 30

PDS 2000: Frankfurter Rundschau 6.11.2000

Poliakov, Léon, Christian Delacampagne und Patrick Girard 1984: Über den Rassismus. Sechzehn Kapitel zur Anatomie, Geschichte und Deutung des Rassenwahn. Frankfurt/Main

Radtke, Frank-Olaf 1991: Lob der Gleich-Gültigkeit. Die Konstruktion des Fremden im Diskurs des Multikulturalismus. In: Uli Bielefeld (Hrsg.): Das Eigene und das Fremde. Neuer Rassismus in der alten Welt? Hamburg, S. 79 – 94

Reemtsma, Jan Philipp 1991: Die Falle des Antirassismus. In: Uli Bielefeld (Hrsg.): Das Eigene und das Fremde. Neuer Rassismus in der alten Welt? Hamburg, S. 269 - 282

Republikaner, Die 2000 Frankfurter Rundschau 20.11.2000

Republikaner, Die 2000: Frankfurter Rundschau 20.11.2000

Rifkin, Jeremy 2000: Frankfurter Allgemeine Zeitung 18.11.200

Rönsch, Hannelore 2000: Wiesbadener Tageblatt 10.11.2000

Sadowski, Yahya 1997: The new Orientalism and the Democracy Debate. In: Joel Beinin and Joe Stork (Hrsg.): Political Islam. Essays From Middle East Report. Berkeley. S. 33 - 50

Said, Edward 1995: Orientalism. Western Conceptions of the Orient. Harmondsworth

Sarcinelli, Ulrich 1993: "Verfassungspatriotismus" und "Bürgergesellschaft" oder: Was das politische Gemeinwesen zusammenhält. In: Aus Politik und Zeitgeschichte, B34/93, 1993, S. 25 – 37

Schlesinger, Philip 2000: "Europeanness" – a New Cultural Battlefield? In: Anthony D. Smith (Hrsg.): Nationalism. Critical Concepts in Political Science, Bd. V. London, S. 1866 – 1882

Schmidt, Friedemann 2001: Die Neue Rechte und die Berliner Republik. Parallel Laufende Wege im Normalisierungsdiskurs. Wiesbaden

Schneider, Manfred 1997: Der Barbar. Endzeitstimmung und Kulturrecycling. München

Schönbohm, Jörg 1997: Berliner Morgenpost 25.4.1997

Schönbohm, Jörg 1998a: Berliner Zeitung 22.6.1998

Schönbohm, Jörg et al 1998b: Bayreuther Aufruf. In: www.bundestag.de/mdbhome/koschha0 /index.htm. Internet-Download vom 3.3.2002

Schönbohm, Jörg 1998c: Die Zeit 16.7.1998

Schönbohm, Jörg 1998d: die tageszeitung, 27.7.1998

Schönbohm, Jörg 1998e: Berliner Zeitung 2.6.1998

Schönbohm, Jörg 1999a: junge freiheit 19.3.1999

Schönbohm, Jörg 1999b: Berliner Zeitung 2.6.1999

Schönbohm, Jörg 2000: Frankfurter Allgemeine Zeitung 19.10.2000

Schönbohm, Jörg 2001: Welt am Sonntag 21.3.2001

Schönbohm, Jörg 2004: Wir müssen aufpassen. Frankfurter Rundschau 24.11.2004

Schröder, Gerhard 2000: Rede auf dem 14. Gewerkschaftstag der ÖTV am 5.11.2000. In: Bulletin der Bundesregierung 73-1, 6.11.2000 www.bundesregierung.de/dokumente/___rede /ix_23677.htm. Internet-Download vom 5.7.2002

Schulte, Axel 1990: Multikulturelle Gesellschaft: Chance, Ideologie oder Bedrohung? In: Aus Politik und Zeitgeschichte, B 23-24/90, S. 3 – 15

Schulze, Reinhard 1991: Vom Anti-Kommunismus zum Anti-Islamismus. Der Kuwait-Krieg als Fortschreibung des Ost-West-Konflikts. In: Peripherie 41 (März), S. 5 – 12

Seidel, Gill 1986: Culture, Nation and ‚Race' in the British and French New Right.

Right. In: Ruth Levitas (Hrsg.): The Ideology of the New Right. Cambridge, S. 107 – 135

Smith, Anthony D. 1991: National Identity. Harmondsworth

Spengler, Oswald 1923: Der Untergang des Abendlandes. Bd. 1 und 2. München

Spiegel, Paul 2000: Rede in Berlin am 9.11.2000. In: www.zentralratdjuden.de/down/ rede_001109.rtf. Internet-Download vom 14.2.2002

Sternberger, Dolf 1990: Verfassungspatriotismus. Schriften X. Frankfurt/Main

Stihl, Hans Peter 2000: Berliner Zeitung 16.10.2000

Taguieff 1994: Sur la Nouvelle Droite. Jalons d'une analyse critique. Paris

Taguieff 2000: Die Macht des Vorurteils. Der Rassismus und sein Double. Hamburg

Taguieff, Pierre-André 1991: Die Metamorphosen des Rassismus und die Krise des Antirassismus. In: Uli Bielefeld (Hrsg.): Das Eigene und das Fremde. Neuer Rassismus in der Alten Welt? Hamburg, S. 221 - 269

Takacs, Stacy 1999: Alien-Nation: Immigration, Nation, Identity and Transnationalism. In: Cultural Studies Bd. 13 (99), 4, S. 591 - 620

Taylor, Charles 1994: Quellen des Selbst. Die Entstehung der neuzeitlichen Identität. Frankfurt/Main

Terkessidis 1998: Psychologie des Rassismus. Opladen

Terkessidis 2002: Der lange Abschied von der Fremdheit. Kulturelle Globalisierung und Migration. In: Aus Politik und Zeitgeschichte, B12/2002. Bonn, S. 31 - 38

Terkessidis, Mark 1995: Kulturkampf. Volk, Nation, der Westen und die Neue Rechte. Köln

Tibi, Bassam 1991: Die Krise des modernen Islam. Frankfurt/Main

Tibi, Bassam 1992: Die fundamentalistische Herausforderung. München

Tibi, Bassam 1995: Krieg der Zivilisationen. Politik und Religion zwischen Vernunft und Fundamentalismus. Hamburg

Tibi, Bassam 1997: Süddeutsche Zeitung 13.6.1997 Leserbrief

Tibi, Bassam 1998: Europa ohne Identität? München

Tibi, Bassam 2000a: Der Focus 30.10.2000

Tibi, Bassam 2000b: Der Tagesspiegel 26.9.2000

Tibi, Bassam 2001a: Leitkultur als Wertekonsens. Bilanz einer mißglückten deutschen Debatte. In: Aus Politik und Zeitgeschichte, B1-2/2001, S. 23 – 26
Tibi, Bassam 2001b: Welt am Sonntag 21.3.2001
Tibi, Bassam 2002a: Die Welt, 15.04.2002
Tibi, Bassam 2002b: Hannoversche Allgemeine Zeitung 11.3.2002
Treibel, Annette 1999: Migration in modernen Gesellschaften. Soziale Folgen von Einwanderung, Gastarbeit und Flucht. München und Weinheim
Van Dijk, T. A.: 1992: Rassismus heute. Der Diskurs der Elite und seine Funktion für die Reproduktion des Rassismus. In: Otger Autrata und Gerrit Kaschuba (Hrsg.): Theorien über Rassismus. Eine Tübinger Veranstaltungsreihe. Argument Sonderband 164. Hamburg, S. 289 - 314
Van Dijk, T. A.1987: Communicating Racism. London
Venner, Michael 1994: Nationale Identität. Die Neue Rechte und die Grauzone zwischen Konservatismus und Rechtsextremismus. Köln
Wagner, Bernd 2002: Kulturelle Globalisierung. Von Goethes "Weltliteratur" zu den weltweiten Teletubbies. In: Aus Politik und Zeitgeschichte, B12/2002, S. 10 - 18
Waldhoff, Hans-Peter 1995: Fremde und Zivilisierung. Frankfurt/Main
Wallerstein, Immanuel 1984: Der historische Kapitalismus. Berlin
Wallerstein, Immanuel 1991: Household Structure and Labour-Force Formation in the Capitalist World Economy. In: Etienne Balibar und Immanuel Wallerstein: Race, Nation, Class. Ambiguous Identities. London, S. 107 – 112
Walser, Martin 1998: Erfahrungen beim Verfassen einer Sonntagsrede. In: Frankfurter Rundschau 12.10.1998
Weber, Iris 1997: Nation, Staat und Elite. Die Ideologie der Neuen Rechten. Köln
Weißmann, Karlheinz 1992: Ein paar einfache Wahrheiten. Über die notwendige Renaissance des konservativen Denkens. In: Criticón 130, 1992. München, S. 61 – 63
Werthebach, Eckhart 2000: Frankfurter Allgemeine Zeitung 11.9.2000
Werthebach, Eckhart 2001: Die Welt 2.1.2001
Westerwelle, Guido 2001: Frankfurter Allgemeine Zeitung 19.3.2001
Wiegel, Gerd 1995: Nationalismus und Rassismus. Zum Zusammenhang zweier Ausschließungspraktiken. Köln
Wiesberg, Michael 2000: junge freiheit 27.10.2000

Zimmer, Gabriele 2000: tageszeitung 28/29.10.2000
Zimmermann, Moshe 2000: Süddeutsche Zeitung 18.11.2000

ibidem-Verlag
Melchiorstr. 15
D-70439 Stuttgart

info@ibidem-verlag.de

www.ibidem-verlag.de
www.edition-noema.de
www.autorenbetreuung.de